Gerhard Finn (Hrsg.)

Die Frauen von Hoheneck

Protokoll
einer Anhörung

Umschlag: Agnes Bungart

Sonderausgabe der Union der
Opferverbände kommunistischer Gewaltherrschaft,
Stresemannstraße 40, 10963 Berlin

ISBN 3-929592-04-5

© Westkreuz-Verlag GmbH Berlin/Bonn,
53902 Bad Münstereifel

Herstellung:
Westkreuz-Druckerei Ahrens KG Berlin/Bonn,
12309 Berlin

Inhalt

1. Einführung 5
2. Die Zeuginnen 7
3. Die Angehörigen der Arbeitsgruppe 10
4. Warum verhaftet — warum? 11
5. Der Tatort 14
6. Die Untersuchungshaft 16
7. Der Transport 23
8. Einlieferung in Hoheneck 24
9. Unterbringung 26
10. Strafen, Schikanen 28
11. Arbeitseinsatz 34
12. Verpflegung, Kleidung 36
13. Medizinische Betreuung 38
14. Postverbindungen 43
15. Kirchliche Betreuung 48
16. Kinder in der Haft 49
17. Folgen der Haft 55
18. Aus dem Gespräch 60
19. Bibliographie 69
20. Anmerkungen 73

Die Frauen von Hoheneck

Zum Protokoll einer Anhörung

1. Einführung

Mai 1945 – Deutschland hatte den von ihm angezettelten Krieg verloren. Vier Besatzungsmächte übten ab jetzt die oberste Gewalt im völlig besetzten Land aus. Millionen Menschen waren auf der Flucht, wurden vertrieben, gingen in die Gefangenschaft. Im Chaos des Untergangs des „Tausendjährigen Reiches" verschwanden Hunderttausende von Deutschen. Etwa eine halbe Million Menschen aus den zuerst im Osten von der Front überrollten deutschen Gebieten wurde zum Arbeitseinsatz in die Sowjetunion verschleppt. In der Sprache des GULag[1] wurden sie „mobilisiertes Kontingent" genannt.

Die sowjetische Geheimpolizei, die der kämpfenden Truppe folgte, sammelte darüber hinaus in provisorischen Lagern, Gefängnissen und anderen Massenunterkünften ein „spezielles Kontingent". Es waren Deutsche, die der Besatzungsmacht hätten gefährlich werden können. Da die Besatzungsmacht Träger einer Ideologie war, galten ihr nicht nur Deutsche als gefährlich, die womöglich mit Waffen oder Sabotage die Besatzungsmacht hätten schädigen können, sondern auch alle, die eventuell publizistisch, durch antikommunistische „Hetze" oder „Spionage" im weitesten Sinne etwas gegen das Besatzungsregime (und seine deutschen Helfer) hätten unternehmen können oder irgendwie „verdächtig" waren. Denunziationen und Willkür bestimmten die ersten Jahre der politischen Verfolgung durch die sowjetische Besatzungsmacht in jenem Teil Deutschlands, der später DDR genannt werden sollte.

Die „Operativen Gruppen" der sowjetischen Geheimpolizei suchten nach Gegnern und Feinden der Sowjetmacht und nach Feinden der sozialistischen Umgestaltung der Gesellschaft. Mit Massen- und Kettenverhaftungen glaubte man, jeglichen Widerstand im Keime ersticken zu müssen, um mit der Angst in der Bevölkerung sein System des Stalinismus ungestört aufbauen zu können. Die vermeintlichen Feinde und Gegner wurden als „Faschisten" klassifiziert und nach oft unglaublichen Verhören mit Mißhandlungen und Folterungen entweder ohne Urteil auf unbestimmte Zeit in ein „Speziallager" eingeliefert oder einem Truppengericht der Sowjetarmee, einem sogenannten Sowjetischen Militärtribunal (SMT) übergeben. Die Tribunale verurteilten bar jeglicher Rechtsstaatlichkeit die ihnen vorgeführten Opfer zu hohen Strafen: neben vielen Todesurteilen wurden meist „25 Jahre Arbeitslager" oder ein Mehrfaches davon verhängt. Als Besonderheit gab es sogar ein „Ferntribunal", das im Moskau nach Aktenlage verurteilte. Die Vollstreckung der Todesurteile erfolgte in Deutschland oder in der Sowjetunion; die zu Zeitstrafen Verurteilten wurden ebenfalls (in gesonderten Bereichen) der Speziallager untergebracht oder in die Sowjetunion verschleppt. Sofern die SMT-Verurteilten in Deutschland in Haft gehalten wurden[2], übergab man sie 1950 der inzwischen gegründeten DDR. Die nicht verurteilt gewesenen Häftlinge wurden 1948 und 1950 (bis auf einen Rest von ca. 3000 Häftlingen) entlassen — sofern sie überlebt hatten: etwa ein Drittel (ca.53.000) war in den Lagern umgekommen und liegt in Massengräbern in der Nähe der früheren Speziallager. Die Verurteilten, die man in die Sowjetunion deportiert hatte, kamen als „Kriegsverbrecher" 1955 mit den Kriegsgefangenen aus der Sowjetunion zurück; die 1950 der DDR übergebenen SMT-Verurteilten wurden aus den DDR-Strafanstalten bis auf einige Fälle bis 1956 entlassen.

Dieses allgemeine Terror-Panorama muß vorangestellt werden, um das in dieser Schrift zu schildernde Leiden einer Gruppe würdigen zu können: das Schicksal der Frauen und Mädchen, die der sowjetischen Verfolgungsmaschinerie und ihrer deutschen Helfer zum Opfer fielen. In allen Speziallagern gab es verurteilte und nicht verurteilte Frauen und Mädchen. Meist war es nur ein Zufall, ob man sie verurteilte oder nicht.

Eine Sonderheit sowjetischer „Rechtsprechung" und der DDR-Strafvollstreckung sei zur Beurteilung des Geschehens noch genannt. Die zeitliche Höchststrafe der Militärtribunale betrug 10 Jahre Arbeitslager. Wer zum Tode verurteilt und „begnadigt" wurde, bekam automatisch diese 10 Jahre zudiktiert. Während der kurzen Zeit, in der in der Sowjetunion die Todesstrafe abgeschafft war (26. Mai 1947 bis 12. Januar 1950), verhängten die Militärtribunale fast immer die neue Höchststrafe von

> Strafmaße
> Es sprengte den Rahmen dieser kleinen Schrift, den politischen Terror in der sowjetischen Besatzungszone und in den ersten Jahren der DDR darzustellen, der mit Hilfe der sowjetischen Militärtribunale und der deutschen Helfer — hier ist insbesondere das Kriminalkommissariat 5, die Keimzelle des Staatssicherheitsdienstes der DDR zu nennen — ausgeübt wurde. Die bisher vorliegenden Daten über die Frauen und Mädchen Hohenecks spiegeln das gesamte Ausmaß des Terrors und der Verfolgung wider:
> Von den SMT-verurteilten Frauen waren 498 zu 10 Jahren „Arbeitsbesserungslager" verurteilt, 99 bis zu 15 Jahren, 99 bis zu 20 Jahren, 593 zu 25 Jahren „Arbeitsbesserungslager" und 25 zu lebenslanger Haft.

25 Jahren Arbeitslager oder ein Mehrfaches davon. Dies hatte bei den späteren Entlassungen und Amnestien in der DDR zur Folge, daß Männer und Frauen, die – wenn man den erfundenen und meist erpreßten Geständnissen vor den sowjetischen Untersuchungsorganen folgen wollte – wegen todeswürdiger Verbrechen verurteilt und zu 10 Jahren Arbeitslager „begnadigt" worden waren, früher frei kamen, als jene Leidensgefährten, die man „nur" wegen anderer „Delikte" zu 25 Jahren Arbeitslager verurteilt hatte.

Als 1950 die drei letzten Speziallager Sachsenhausen, Buchenwald und Bautzen aufgelöst wurden (Bautzen blieb als Zuchthaus = „Strafvollzugsanstalt" der DDR weiter in Betrieb), kamen die unter den oben geschilderten Umständen verurteilten Frauen und Mädchen „zur weiteren Strafverbüßung" in das der Volkspolizei (also nicht der Justiz!) unterstellte Frauenzuchthaus Hoheneck.

Der nachstehende Bericht über Hoheneck befaßt sich vor allem mit dem Schicksal der damals in dieser Anstalt zusammengesperrten Frauen und Mädchen, die von sowjetischen Militärtribunalen verurteilt worden waren, aber auch mit der „neuen Generation" weiblicher politischer Häftlinge, die von den anstelligen Lehrlingen der sowjetischen Terrorjustiz, den Gerichten der DDR verurteilt worden waren. Das hier behandelte Geschehen in der berüchtigten Frauenhaftanstalt der DDR umfaßt die Zeit von 1950 bis zum Ende der DDR. Grundlage des Berichts ist die Anhörung von Frauen, die in dieser Zeit in Hoheneck eingesperrt gewesen waren, veranstaltet von der CDU/CSU-F.D.P.-Arbeitsgruppe in der Enquête-Kommission des Deutschen Bundestages zur Aufarbeitung von Geschichte und Folgen der SED-Diktatur in Deutschland am 20. September 1993 am Tatort Hoheneck. In diesem Bericht sollen so weit wie möglich diese Frauen zu Wort kommen, um die Unmittelbarkeit ihrer Aussagen dem heutigen Leser weiterzugeben. Dabei sollte nicht vergessen werden, daß die Frauen, die über ihre Erlebnisse aus den ersten Nachkriegsjahren berichten, damals Mädchen und junge Frauen waren, denen ein großer Teil ihrer Jugend und ihres jungen Frauenlebens unter so grausamen und erniedrigenden Umständen genommen wurde. Ebenso wie jene Frauen, die später vom DDR-Regime aus politischen Gründen verurteilt und jahrelang in Haft gehalten wurden, brauchten sie sehr viel Kraft, um an den Ort ihrer Drangsalierungen zurückzukehren, sich noch einmal des Geschehens zu erinnern und zu berichten. Ihnen gilt unser Dank und unser Respekt!

2. Die Zeuginnen

Anneliese Abraham war bei ihrer Verhaftung im Oktober 1947 20 Jahre alt. Als angebliches Mitglied einer durch Kettenverhaftungen von den sowjetischen Untersuchungsbehörden zusammengestellten mehr als 40köpfigen „Spionageorganisation" in Frankfurt/Oder (siehe Seite 12) wurde sie zu 25 Jahren Arbeitslager verurteilt und im April 1955 aus Hoheneck entlassen. Sie kehrte wieder nach Frankfurt zurück und wohnt noch heute dort.

Brigitte Bielke, Berufsschullehrerin, war 41 Jahre alt, als sie 1988 verhaftet und zu drei Jahren Freiheitsentzug verurteilt wurde, weil sie für sich und ihre beiden Kinder einen Ausreiseantrag gestellt hatte. Der 20jährige Sohn wurde wegen „landesverräterischer Agententätigkeit" verhaftet. Im Januar 1989 wurde sie von der Bundesregierung aus Hoheneck freigekauft und lebt jetzt in der Nähe der Lutherstadt Wittenberg.

Birgit Böckmann wurde 1973 verhaftet und zu dreieinhalb Jahren Freiheitsentzug verurteilt. Sie war bis 1976 in Hoheneck und lebt in Erfurt.

Brigitte Grünke war zur Zeit ihrer Verhaftung 1947 22 Jahre alt und hatte gerade ihr pharmazeutisches Vorexamen abgelegt. Sie soll von einer illegalen Frankfurter Gruppe gewußt haben (siehe Seite 12) und wurde wegen „Mitwisserschaft" von einem sowjetischen Militärtribunal in Potsdam zu 25 Jahren Arbeitslager verurteilt. Sie kam über Sachsenhausen nach Hoheneck, wurde dort 1956 entlassen und wohnt jetzt in Bonn.

Dr. Bärbel Kramer wurde im Dezember 1972 mit ihrem Mann verhaftet, als sie versuchten, mit ihren beiden 8 und 10 Jahre alten Kindern über Bulgarien in den Westen zu flüchten. Sie wurden zu je 3 Jahren und vier Monaten Freiheitsentzug verurteilt. Frau Kramer wurde im September 1975 aus Hoheneck durch Freikauf in die Bundesrepublik Deutschland entlassen, ihr Mann acht Wochen später. Beide sind Ärzte und leben jetzt in Darmstadt.

Irmgard Kröpke war 23 Jahre alt, hatte eine zweijährige Tochter und war schwanger, als sie im November 1949 mit ihrem Mann und ihrer Mutter verhaftet wurde. Ein sowjetisches Militärgericht verurteilte sie wegen „Mitwisser- und -täterschaft beim Landesverrat" zu 25 Jahren Arbeitslager. Am 1. Juli 1950 gebar sie in Hoheneck, wo auch ihre Mutter einsaß, eine Tochter. Im Januar 1954 wurde sie entlassen und wohnt jetzt in Wiesbaden.

Annerose Matz-Donath war 24 Jahre alt, Redakteurin in Halle und Mutter einer zweijährigen Tochter als sie 1948 wegen „Spionage" verhaftet und zu 25 Jahren Arbeitslager verurteilt wurde. Ihre Haftstätten: Bautzen, Sachsenhausen, Hoheneck, Brandenburg, Halle. Sie kam erst 1960 nach 140 Monaten Haft frei und wohnt jetzt in der Nähe von Köln.

Waltraud Schiffer war 18 Jahre alt und hatte gerade als Neulehrerin angefangen, als sie im Juli 1947 verhaftet und von einem sowjetischen Militärgericht wegen „Spionageverdacht, Mitwisserschaft von Waffenbesitz, Zugehörigkeit zu einer illegalen

Organisation und Fluchthilfe" (siehe Seite 12) zu 25 Jahren Arbeitslager verurteilt wurde. Haftstationen waren Bautzen, Sachsenhausen und Hoheneck. Sie wurde 1954 entlassen und lebt jetzt in der Nähe von Bonn.

Die Haft prägt ein Gesicht: Zeugin Annerose Matz-Donath vor der Inhaftierung (Dezember 1947), als Häftling der sowjetischen Geheimpolizei (im Mai/Juni 1948) und als Strafgefangene der DDR in Hoheneck am 30. 6. 1950.

Lucie Schmieder wurde 1973 zusammen mit ihrem Mann und ihrem Sohn verhaftet, weil der Mann eine Betriebszeitung in den Westen geschickt hatte. Urteile: 5 Jahre Freiheitsentzug für den Mann, 2 Jahre für den Sohn und $2^{1}/_{2}$ Jahre für sie selbst. 1974 wurde sie aus Hoheneck entlassen. Seit 1975 wohnen sie in Remscheid.

Ellen Thiemann wollte 1972 mit Mann und Sohn mit Hilfe einer Fluchthelferorganisation aus Ost-Berlin fliehen. Sie wurde zu 3 Jahren und fünf Monaten Feiheitsentzug wegen versuchter Republikflucht verurteilt. Im Mai 1975 wurde sie aus Hoheneck entlassen und lebt jetzt als Redakteurin in Köln.

3. Die Angehörigen der Arbeitsgruppe

An der Anhörung am 20.September 1993 in der jetzigen Justizvollzugsanstalt Hoheneck nahmen von der CDU/CSU-F.D.P-Arbeitsgruppe der Enquête-Kommission des Deutschen Bundestages zur Aufarbeitung von Geschichte und Folgen der SED-Diktatur in Deutschland teil: Rainer Eppelmann MdB, Vorsitzender der Enquête-Kommission; Hartmut Koschyk MdB, Obmann der CDU/CSU-Arbeitsgruppe; Dirk Hansen MdB, Obmann der FDP-Arbeitsgruppe; Wolfgang Dehnel MdB; Dr. Jürgen Schmieder MdB; Dr. Dorothee Wilms MdB; Prof. Dr. Roswitha Wisniewski MdB; Prof. Dr. Alexander Fischer; Karl Wilhelm Fricke; Superintendent Martin-Michael Passauer; Prof. Dr. Friedrich-Christian Schroeder; Prof. Dr. Manfred Wilke.

Zeuginnen und Sachverständige beim Rundgang durch die Haftanstalt Hoheneck
(Foto: Günther)

4. Warum verhaftet – warum?

„Ich war 24 Jahre alt, als ich 1948 verhaftet wurde, Mutter eines zweijährigen Töchterchens, hatte beruflich nach einem Vollstudium während der Kriegszeit nach dem Zusammenbruch aktiv am Aufbau der liberaldemokratischen Landeszeitung in Sachsen-Anhalt, Sitz Halle, mitgearbeitet und war seit 1947 der stellvertretende, aber praktisch und politisch geschäftsführende Chefredakteur dieses Blattes. Ein Parteifreund äußerte sich eines Tages einem Dritten gegenüber begeistert über eine energische, absolut liberaldemokratisch überzeugte Journalistin, ohne meinen Namen zu nennen. Ich kannte diesen Dritten auch nicht und habe ihn nie kennengelernt. Aber dieser Dritte wird verhaftet, verrät bereitwillig den Russen alles, was er über politische Strömungen und Kräftegruppierungen weiß, sein Parteifreund wird verhaftet und eines Tages, nach etwa sechs Wochen ist es dann so weit, daß der Dritte sagt: ‚Ja, ich weiß jetzt niemanden mehr, aber mein Parteifreund hat mir mal erzählt von einer ganz engagierten liberaldemokratischen Journalistin.'" (Matz-Donath)

„Ich war 23 Jahre alt, war verheiratet und hatte eine zweijährige Tochter und wurde am 11. November 1949 von den Russen verhaftet. Ich war schwanger im zweiten Monat, und meine zweijährige Tochter blieb alleine zurück in der Wohnung, nachdem meine Mutter verhaftet worden war und auch mein Mann. Von Potsdam kamen wir mit einem Transport nach Bautzen. Es waren einige Frauen nur, und es waren auch einige Männer. Wir durften zwar nicht sprechen, aber so ohne daß man kaum die Lippen bemerkt, daß die bewegt wurden, hat mir dann doch jemand zugeraunt: ‚Ach, Sie sind Frau Kröpke, na ihr Mann, als der aus dem Karzer kam, kam er zu uns. Wir wußten nicht, ist das ein Mensch oder ist das ein Tier.' Er hat 23 Tage im Karzer gesessen, ist bis zur Bewußtlosigkeit geschlagen worden, wurde dann mit Wasser übergossen, damit er wieder zu sich kam. Am Tag in die überheizte Zelle zum Verhör, und so ging das 23 Tage, bis sie noch jemand verhaftet haben, der ihn dann entlastet hat. Und da kam er aus dem Karzer. Und da hatte er eine Lungenentzündung gehabt und diese Lungenentzündung hat dann mit den weiteren Folgen leider auch zum Tod geführt nach neun Jahren in der Freiheit." (Kröpke)

„Ich bin mit 27 Jahren verhaftet worden, Ende 1948, und zwar wegen angeblicher Spionage. Dazu muß ich als Vorgeschichte sagen: Ich war in erster Ehe verheiratet mit einem aktiven Offizier, der in Rußland nach Stalingrad das Nationalkomitee Freies Deutschland mit gegründet hat, zusammen mit dem Herrn Bechler, der ja wohl bekannt ist, da seine Frau auch später in Hoheneck gesessen hat[3]. Ich war natürlich befreundet mit einem Freund meines Mannes, und dieser Herr Tebbe war ein Spion, was ich nicht wußte. Er war in englischer Gefangenschaft gewesen, lebte in Erfurt seinerzeit und trieb Spionage und lud mich des öfteren ein. Ich stamme von einem Gut. Wir sind 1945 enteignet worden, meine Eltern und Geschwister, meine Großeltern. Wir hatten zwei Güter. Mein Vater wanderte sofort ins Zuchthaus, unsere gesamten Freunde von den Nachbargütern, von dem Rittergutsbesitz, von den Schlössern, alle wurden verhaftet und haben einige Wochen, Monate, Jahre in Zuchthäusern gesessen. Und als ich dann später verhaftet wurde, wurde mir von Anfang an gesagt, der Hauptgrund ist nicht die Spionage, der Hauptgrund ist der, weil Sie eine Tochter eines Großgrundbesitzers waren." (Matz)

„Verhaftet wurde ich im Juli 1947 mit 18 Jahren. Warum, war mir unbekannt. Es kam dann so nach und nach raus, daß da irgendjemand geflüchtet war und daß bekannt war, daß ich dem zur Flucht verholfen hätte." (Schiffer)

„Ich bin am 14. Oktober 1947 verhaftet, bin im April 1955 nach 7½jähriger Haft hier aus Hoheneck entlassen worden, war angebliches Mitglied einer Spionageorganisation. Aber zufällig befinden sich zwei meiner Kameradinnen hier. Wir waren in

Kettenverhaftungen

Es gehörte zu den Methoden der Untersuchungsoffiziere der sowjetischen Geheimpolizei („Operative Organe"), einen Verhafteten durch „Überredung" oder meist mit Prügel dazu zu bringen, Namen von Freunden oder Bekannten zu nennen, die ihn entlasten könnten, obwohl sie von der angeblichen Tat nichts wissen konnten (oft wußte dies der Verhaftete nicht einmal selbst). Allein die Tatsache, daß diese Freunde und Bekannten einen „Täter" kannten, machte sie schon verdächtig, so daß sie wiederum Freunde und Entlastungszeugen angaben, die ebenfalls verhaftet wurden. Durch diese Kettenverhaftungen kam im Laufe von Wochen oder Monaten eine „illegale Gruppe" zustande, die schon deshalb keine sein konnte, weil die Verhaftungen in den Heimatorten schnell bekannt wurden und ein Großteil der „Gruppenmitglieder" genügend Zeit gehabt hätte, zu flüchten.

Eine dieser Gruppen, die bei der Anhörung angesprochen wurde, war die „Gruppe Niepmann" (genannt nach dem ersten Verhafteten), die in Frankfurt/Oder 1947/48 auf die oben beschriebene Weise zusammengestellt und in drei „Prozessen" von einem sowjetischen Militärtribunal in Potsdam verurteilt wurde. Werner Niepmann und ca. 50 andere, meist sehr junge „Gruppenmitglieder" wurden ab dem 28.März 1948 zu je 25 Jahren Arbeitslager verurteilt. Drei unserer Zeitzeuginnen gehörten zufällig zu diesem Personenkreis. Sie wurden im Laufe des Jahres 1947 verhaftet und kamen 1954, 1955 und 1956 frei — warum sie zu so unterschiedlichen Zeiten entlassen wurden, gehört ebenso wie der Grund ihrer Verhaftung zu den Geheimnissen des sowjetischen und des DDR-Terrors.

Frankfurt/Oder zu Hause. Ich kam im Sommer 1947 von der Ostsee nach Hause. Und in Berlin kam mir eine Frankfurterin entgegen, die da sagte: ‚Du, fahre nicht nach Frankfurt, da sind verhaftet worden der, der, der (alles mir Bekannte), fahr nicht.' Ich bin aber weitergefahren, weil ich mir sagte, das wird schon einen Grund haben, daß die verhaftet wurden. Lange Rede, kurzer Sinn, im Laufe der Zeit, im Lauf eines halben Jahres wurden ca. 40 Frankfurter und Frankfurterinnen verhaftet, die alle im Durchschnitt so um zwanzig Jahre alt waren. Und ich hatte ein sehr gutes Gewissen, fand mich überhaupt nicht angesprochen, bis es dann eben doch zu dieser Verhaftung kam."

(Abraham)

„Ich komme auch aus Frankfurt an der Oder, bin 1947 verhaftet worden wegen Mitwisserschaft an einer illegalen Gruppe. Ich hatte mit dieser Gruppe nie etwas zu tun gehabt, und ich bin in das Untersuchungsgefängnis nach Potsdam in die Lindenstraße gekommen. Jeder weiß: Lindenstraße war eigentlich das schlimmste, was wir an Untersuchungshaft durchmachen konnten. Ein Vierteljahr in Einzelhaft unter schwersten Bedingungen. Und ich nahm die ganze Sache, weil ich völlig unschuldig in diese Sache geraten war, eigentlich so hin. Ich war sehr neugierig, wieweit werden sie wohl gehen? Eines Tages müssen sie dich ja entlassen, denn du hast ja nichts gemacht. Dann kriegte ich einen anderen Vernehmungsoffizier, der die Sache etwas besser aufgezogen hat, als Unschuldslamm in Wolfshaut. Man hat mich dann endlich davon ‚überzeugt', daß ich eigentlich nie wieder freikomme, weil ich viel zu viel weiß. Ich wüßte jetzt, weshalb die ganze Gruppe saß, weshalb sie verurteilt werden sollten. Ich weiß nicht, ob es Ihnen bekannt ist, daß ein russischer Vernehmungsoffizier für jeden Spion 300 Rubel Kopfgeld kriegte. Und deshalb läuft dieser Titel ‚Spionagegruppe'. Spionage und so etwas, das sind Ausdrücke gewesen, die jedem russischen Vernehmungsoffizier Geld gebracht haben. Ich kannte früher nur Mata Hari als Spionin. Daß ich eine ‚Verbindungsagentin' war, das fand ich enorm. Ich hatte nichts gemacht und kriegte so eine dolle Bezeichnung in meinem Urteil! Und als ich meine 25 Jahre hatte und die Treppe runterging, da kam mein Vernehmungsoffizier noch einmal zu mir und sagte: ‚Nun, Brigitta, wieviel hast Du gekriegt?' Ich sagte: ‚25 Jahre'. ‚Oh', sagte er, ‚das ist doch nichts. In zwei, drei Jahren du bist bei Mama und Papa, und dann ist es gut für dich. Und ich hab mein Geld.' Das wollte ich dazu sagen, warum wir plötzlich alle Spionageparagraphen gekriegt haben."

(Grünke)

„Und wenn man da harmlose Hausfrauen und Mütter von der Straße wegholte, solche, die mit ihren Kindern allein in der Wohnung waren, weil der Mann gefallen war. Und die Kinder waren in der Badewanne, die Mutter badete sie gerade und die Russen holten sie weg... Die Frau wurde bald verrückt, weil sie nicht wußte, waren die Kinder ersoffen in der Badewanne, die Babys, oder was war geworden?"

(Matz-Donath)

„Ich saß wegen Republikflucht und wegen staatsfeindlicher Verbindungsaufnahme. Und zwar wollten wir, mein Mann und ich mit unserem damals elfjährigen Sohn, von Ost-Berlin aus fliehen nach dem Westen. Das ging 1972 natürlich nicht legal, sondern wir hatten eine Möglichkeit gesucht, über Polen oder die CSSR mit falschen Pässen – mit Hilfe einer Westberliner Fluchthilfe-Organisation. Das war im Vorfeld offensichtlich verraten worden, was ich erst jetzt aus der Gauck-Behörde erfahren habe." (Thiemann)

„Ich bin 1986 nicht zur Wahl gegangen und wurde daraufhin fristlos entlassen. Ich war damals tätig als Berufsschullehrerin. Und da meine Klage zurückgewiesen werden sollte, denn ich wollte das in einem Arbeitsrechtsverfahren geklärt haben, habe ich daraufhin einen Ausreiseantrag für meine beiden Kinder und mich gestellt; denn für mich war ja die Existenzgrundlage in der damaligen DDR entzogen. Wie ich heute weiß, hat seit dem Wahltag die Bearbeitung durch die Stasi eingesetzt, und es kam 1988 zur Verhaftung." (Bielke)

„Wir, mein Mann und ich mit unseren beiden Kindern, die waren damals 8 und 10 Jahre alt, haben im Dezember 1972 versucht, über Bulgarien in den Westen zu kommen mit Hilfe einer Schleuserorganisation. Wir sind an der Grenze dann festgenommen worden. Mein Mann mußte in Bulgarien bleiben, und ich wurde mit den Kindern zurückgeflogen. In Gera war ich fast ein halbes Jahr in Einzelhaft. Es war sehr primitiv. Es gab nur Kübel, eine dunkelgrün gestrichene Zelle. Der Spion, also dieses kleine Fensterchen da in der Tür, war ständig geöffnet. Dauernd waren sie dran, ob sie den Kübel benutzten oder nicht. Das war so furchtbar deprimierend. Und dann hatte man so eine ganz kleine Schüssel mit Wasser, die kriegte man einmal am Tag. Das war es dann auch. Ab und zu durfte man mal duschen, auch dann war immer männliches Personal anwesend." (Dr. Kramer)

„Mein Mann, unser ältester Sohn und ich, wir sind alle drei in einem Verfahren verurteilt worden. Zusammen $9^1/_2$ Jahre. Mein Mann hatte eine Betriebszeitung nach dem Westen geschickt. Das war alles, was wir getan haben." (Schmieder)

5. Der Tatort

Die Frauenhaftanstalt Hoheneck liegt in der Kreisstadt Stollberg am Nordrand des mittleren Erzgebirges, die zum DDR-Bezirk Karl-Marx-Stadt gehörte. Etwa 13.000 Einwohner wohnen in dieser Industriestadt, über der auf einem steilen Berg ein alter Herrensitz liegt, der später als Burg und Schloß bezeichnet wurde. Auf den Grundmauern dieses verfallenen Baus wurde 1863 ein Gefängnis errichtet. Männer und Frauen mußten dort ihre Strafen verbüßen – zu Kaisers Zeiten, in der Weimarer Republik, unter dem Nazi-Regime und nach dessen Zusammenbruch bei der Justiz

Zellenhaus in Hoheneck

der sowjetischen Besatzungszone. Sie wurde für 550 männliche und 150 weibliche Häftlinge gebaut. 1950 wurde Hoheneck von der Volkspolizei übernommen und als „Strafvollzugsanstalt Hoheneck" zum Frauenzuchthaus bestimmt. Erste Insassen waren 1.119 Frauen mit 30 Babys und Kleinkindern, die aus den Speziallagern der sowjetischen Besatzungsmacht kamen und den DDR-Behörden zur weiteren Strafverbüßung übergeben wurden. Die Frauen, die nach den scheußlichen Zeiten in der Untersuchungshaft und nach jahrelanger Haft in den Speziallagern aus Sachsenhausen und Bautzen nach Hoheneck kamen, glaubten zunächst, nun unter deutschem Regime „normalere" Verhältnisse und menschlichere Behandlung „unter Landsleuten" zu finden. Sie wurden schwer enttäuscht. Die für ihre Aufgabe unqualifizierten Volkspolizistinnen ersetzten ihre fehlende Ausbildung durch arrogante Gehässigkeit und ihre fehlende Bildung durch kommunistische Rabulistik, die sich durchaus mit dem Jargon von SS-Aufseherinnen vergleichen läßt. Schikanen und Mißhandlungen der weiblichen Häftlinge waren bis zuletzt, bis die „Strafvollzugseinrichtung Stollberg, 9150 Stollberg/E., Straße der Volkspolizei 6—7" 1990 der demokratischen Justiz unterstellt und als Justizvollzugsanstalt weitergeführt wurde, an der Tagesordnung. Das Regime milderte sich erst, nachdem besser ausgebildetes

Personal nachrückte und auch erkannte, daß es sich bei den SMT-Verurteilten nicht um Nazi- und Schwerkriegsverbrecher handelte. Es muß auch angemerkt werden, daß es unter dem Wachpersonal auch einige anständige Frauen gab, die den politischen Häftlingen nicht das Leben erschwerten, ihnen sogar ein wenig halfen. Als im Februar 1952 eine Wachmeisterin wegen ihres Kontaktes zu Häftlingen festgenommen worden war, erhängte sich die Inhaftierte Jutta Erbstößer in der Arrestzelle, um nicht gegen die Wachmeisterin aussagen zu müssen.

Die allgemeinen Haftumstände wurden — allerdings erst viel später — besser, als die sanitären Anlagen der völlig veralteten Anstalt „rekonstruiert" wurden. Bis zuletzt aber blieb — trotz des Gesetzes zur Änderung des Strafvollzugs- und Wiedereingliederungsgesetzes vom 19. Dezember 1974 und eines neuen Strafvollzugsgesetzes vom 7. April 1977 — der militaristisch harte, erniedrigende sozialistische Strafvollzug erhalten, der insbesondere jene Frauen traf, die — aus politischen Gründen verurteilt — in den überfüllten Zellen Hohenecks den in den 70er und 80er Jahren dominierenden kriminellen Häftlingen unterlegen und untergeordnet waren.

6. Die Untersuchungshaft

Als die Frauen der ersten Belegschaft der DDR-Strafvollzugsanstalt Hoheneck am 12. Januar 1950 in Stollberg ankamen, hatten sie nach der besonders schweren Untersuchungshaft bei der sowjetischen Geheimpolizei bereits einige Jahre Haft in den konzentrationslagerähnlichen „Speziallagern" der sowjetischen Besatzungsmacht[4] hinter sich — sie waren eine (im doppelten Sinne des Wortes) geschlagene, erniedrigte Gruppe junger Frauen und Mädchen, deren Leiden man sich heute kaum vorstellen kann. Auch die Untersuchungshaft in den Zellen des MfS war mit Drangsalierungen verbunden.

(Die in den nachstehenden Kapiteln widergegebenen Zitate sind dem Protokoll der Anhörung entnommen, der Name der Zeugin ist angefügt.)

„86 Vernehmungen fast am Stück. Das hieß praktisch mehr als vierzig Tage hintereinander jeweils etwa 18 Stunden Vernehmung, 6 Stunden in der Zelle, von diesen 6 Stunden ein bis zwei Stunden Schlaf, den Rest herumgehen oder auf einer harten Eisenbettkante sitzen; denn wir durften nur bis zu einem bestimmten Zeitpunkt, ich weiß nicht mehr, ob es fünf oder sechs Uhr war, schlafen. Und wenn ich um 3.00, um 4.00, um 5.00 Uhr von der Nachtvernehmung kam, dann war eben keine Schlafenszeit mehr. Und das mehr als vierzig Tage!"   (Matz-Donath)

„Um zehn Uhr konnte man sich hinlegen. Es waren nur Holzpritschen unter dem Fenster, ohne Decke, ohne irgendetwas. Strümpfe, alles weggenommen. Meinen Mantel hatte ich, den habe ich mir lang übergelegt. Und dann wurde kurz danach die Zelle aufgeschlossen und dann hieß es: ‚Name? Komm zum Verhör!' Das ging die ganze Nacht zum Verhör, und gegen Morgen, wenn die anderen dann aufwachten und geklopft wurde zum Aufwachen, um sich hinzusetzen, dann wurde ich in die Zelle gebracht. Und am Tag durfte ich nicht schlafen." (Kröpke)

„Tagsüber hatten wir keinerlei Verhör. Und wenn es dann abends zum Schlafen ging, begannen die Verhöre die ganze Nacht durch. Frühmorgens um fünf, sechs Uhr kam man dann nach Hause, das heißt in die Zelle. . . . Wie gesagt, Verhöre Nacht für Nacht. Das ging soweit, daß mein Verhöroffizier neben sich ein Pistole liegen hatte, und wenn ich nicht so spurte, wie er gerne wollte, dann schoß er, zielte erst auf mich und dann auf die Decke und schoß dann durch die Decke oder durchs Fenster, je nachdem . . . Wir hausten zu sechst in einer Ein-Mann-Zelle, hatten den üblichen (Abort-)Kübel, die zum Teil leck waren, hatten eine kleine Schüssel, in der wir uns alle sechs waschen mußten. Das ging ganz nach der Reihe. Erst das Gesicht, der rechte Arm, der linke Arm, das rechte Bein, das linke Bein. Und mit diesem Wasser wurde dann noch die Wäsche gewaschen, die wir hatten. Anschließend wurde noch die Zelle ausgewaschen. Und dann wurde „geklübelt" [5]. Anschließend kriegten wir unseren Kaffee . . . Alle vier Wochen durften wir zum Baden, zum Duschen, nachts natürlich. Da mußten wir uns ausziehen, rundherum um die Duschzelle. In der Duschzelle standen die Posten und griffen hier mal hin, da mal hin und so weiter und so fort . . ." (Matz)

„Oft saß man drei, vier Stunden bei den Vernehmungen im Verhörzimmer. Es geschah gar nichts, nur damit man nicht schlafen konnte. Das war die Grundbedingung, daß wir zermürbt werden sollten. Dann sollte ich unbedingt einen Brief schreiben an jemanden und sollte ihn aus (West-)Berlin locken, damit man ihn verhaften konnte. Ich habe mich geweigert. Da haben die mich 24 Stunden in den Wasserkarzer gesteckt. Es stank grauenhaft, denn da waren auch die Exkremente mit drinnen. . . . Ich hatte sehr lange Einzelhaft. Das schlimmste für mich war damals die sanitäre Seite. . . . Aber kein Toilettenpapier, keine Binden! Ich wurde im Hochsommer verhaftet, hatte einen Slip an, ein Röckchen an, eine Bluse und Pantoletten, keine Strümpfe, nichts. Die gleiche Bekleidung hatte ich noch im Herbst. Im Winter war sie ähnlich, nur der Slip fehlte, der war hinüber. Wenn man zur Vernehmung gerufen wurde und gerade die Menstruation hatte, lief das halt an den Beinen herunter. Das war sehr schön. Mich fragte der Unterleutnant bei der Vernehmung daraufhin, das müßte mir doch Spaß machen, worauf ich antwortete, er müßte das doch selbst sehr schön finden und apart finden, sonst würde er dafür sorgen, daß man sich reinigen könnte und die normalen Binden bekommen würde. Und das sind Sachen, die – die – die waren so deprimierend, die waren so grauenhaft. Es gab keinen Kamm. Alle ewige Zeiten kam man mal zum Duschen und hatte nichts zum Wechseln. Und das schlimmste – wie gesagt – man hatte keinen Schlüpfer, im Winter keine Strümpfe. Ich hatte keinen Mantel, ich hatte nichts." (Schiffer)

„Zwischendurch höre ich wieder die grauenhaften Schreie in Potsdam, die nachts waren. Die waren so bestialisch, bis wir später dann irgendwie erfahren haben, daß die da im Keller, die Todesstrafe war ja noch nicht aufgehoben, die Leute umgebracht haben. Es war grauenhaft." (Schiffer)

Bei allen Verhören, die täglich vormittags, nachmittags und oft auch noch in der Nacht stattfanden, wurden mir fast immer nur die beiden Fragen gestellt: „Wo hatten Sie Spionageausbildung" und „Von wann bis wann hatten Sie Spionageausbildung".

Hin und wieder wurde nach Namen und Dienstgrad der Ausbilder gefragt. Da ich weder mit Spionageausbildung, noch überhaupt etwas mit Spionage zu tun hatte, waren meine Antworten stets „Nein". Das paßte dem „Rothaarigen", wie ich den Vernehmungsoffizier in Gedanken nannte, überhaupt nicht, und ich bekam es gleich bei den ersten Verhören in Form von Ohrfeigen, Faustschlägen und Fußtritten zu spüren. Eine besondere Freude bereitete es ihm, während der Fragestellung mit den Stiefelspitzen – sie trugen Eisen – nach meinen Schienbeinen zu stoßen. Obwohl ein Tisch zwischen uns stand und ich die Beine soweit es ging unter dem Stuhl versteckte, gelang es ihm nur zu oft, dennoch die Schienbeine zu treffen.

Seine Faustschläge trafen mich oft so hart, daß ich zu Boden stürzte. Dann nahm er die Beine zu Hilfe und trat zu, ihm egal, wohin er traf. Außerdem trafen seine unglaublich harten Faustschläge sehr oft meinen linken Unterkiefer. Ich konnte mich drehen und wenden, wie ich wollte: er traf immer. Mein Körper wies viele blaue Flecke auf. So ging das nun schon etliche Wochen. Ich wußte nicht, was ich tun konnte oder sollte, um dieser brutalen Behandlung zu entgehen. Es waren ja nicht nur die Schläge, die ich ertragen und aushalten mußte; oft bezeichnete er mich obendrein noch mit den schlimmsten Schimpfworten, wie z.B. Drecksau, Hurenstück usw. Mitunter spuckte er mich auch an.

... Doch dann kam Ende November 1946 der Tag, der alles bisher Erlittene und Erlebte weit in den Schatten stellte. Zu einer ungewöhnlichen Zeit, nämlich gleich nach dem Frühstück, wurde ich zum Verhör geholt. Mir klopfte das Herz bis zum Hals. Ich kam gar nicht dazu, darüber nachzudenken, daß ja der Dolmetscher nicht in der Vernehmungszelle ist; doch für das, was dann geschah, brauchte der „Rothaarige" auch ganz bestimmt keine Zeugen. Ehe ich mich versah, ergriff er mich brutal, zerrte mich in die Zelle, warf mich wütend auf den Stuhl, drehte blitzschnell meine Arme nach hinten und band Arme und Hände an der Stuhllehne fest, die Füße an den Stuhlbeinen. Mir kam nicht einmal der Gedanke, mich zu wehren – so schnell ging alles vor sich.

Vera Schulze auf dem Balkon ihrer Ein-Zimmer-Wohnung. Im Haftkrankenhaus Waldheim wurde ihr ein Arm amputiert. (Foto: Uwe Hempen)

Kleines Foto: Ein offenes fröhliches Mädchen. Vera Schulze. Sie war ganze 23 Jahre alt. Als „Spionin" wurde sie verhaftet. Nach grauenvollen Haftjahren in Luckenwalde, Sachsenhausen, Hoheneck und Waldheim wurde sie 1954 entlassen. Ihr hier wiedergegebener Bericht steht für viele Erlebnisse von Frauen in der Untersuchungshaft.

Nachdem er mich am Stuhl festgebunden hatte, ließ er seinen Gefühlen freien Lauf. Er ohrfeigte mich nach allen Regeln der Kunst, versetzte mir Faustschläge und Fußtritte, schließlich spuckte er mir mehrmals ins Gesicht. Dann verließ er die Zelle und schloß sie zu. — Da saß ich nun, geprügelt, mißhandelt, gedemütigt, und konnte mir nicht einmal die ekelhafte Spucke vom Gesicht wischen oder die Tränen, die mir aufgrund der körperlichen wie seelischen Schmerzen und Demütigungen übers Gesicht liefen. Stunde um Stunde verging, es war schon weit über die Mittagszeit und ich verspürte Hunger. Doch weitaus größere Sorgen bereitete mir meine Blase. Schon seit Stunden hatte ich das Bedürfnis, Wasser zu lassen. Und so groß meine Angst vor diesem Ungeheuer auch war, ich wünschte, er käme bald, bevor mir ein Malheur passiert. Es war schon lange dunkel geworden, Hände und Füße ohne Gefühl, nichts rührte sich. Und rufen brauchte ich nicht, denn mir war bekannt, daß ein Soldat oder Sergeant nur dann eine Vernehmungszelle betrat, wenn der Offizier gerufen hatte. Schließlich konnte ich dann das Wasser nicht mehr halten. Den Druck von der Blase war ich los, doch dafür steigerte sich meine Angst immer mehr. Und dann kam er! Natürlich sah er sofort, was sich inzwischen ereignet hatte. Wütend stürzte er auf mich zu, und schon prasselten seine Fausthiebe auf mich nieder, begleitet von den schlimmsten Schimpfworten. Ich hatte bis zu diesem Zeitpunkt von dem „Rothaarigen" kein Wort in deutscher Sprache vernommen, aber die Schimpfworte konnte er in einwandfreiem Deutsch. Seine Faustschläge trafen mich so hart, daß es nicht lange dauerte und ich lag samt Stuhl am Boden. Nun schlug er nicht nur mit den Fäusten auf mich ein, sondern stieß und trat mich mit den Füßen. Er trampelte förmlich auf mir herum, und die Angst, er bringt mich um, ließ mich so laut ich konnte, um Hilfe rufen – obwohl ich wußte, daß es ja sinnlos ist; denn wer sollte mir hier wohl helfen? Und doch geschah das Unfaßbare! Die nur angelehnte Tür ging auf, jemand betrat die Zelle, schrie den „Rothaarigen" an und zerrte ihn von mir weg. . . . Neben mir kniete jemand; ich wurde vom Stuhl losgebunden. Da mich mein „Retter in höchster Not" mehr aufhob, als ich selbst aufstand, stellte ich fest, es war ein Major. In einem ausgezeichneten Deutsch fragte er mich, was ich denn angestellt habe, daß mich der Offizier geschlagen und sogar gefesselt hat? Ich konnte ihm auf diese Frage erst später eine Antwort geben, denn dadurch, daß das Blut nun wieder richtig zirkulieren konnte, und auch aufgrund der unmenschlichen Behandlung fiel ich in Ohnmacht."

Aus: „Sieben schwere Jahre", unveröffentlichter Bericht von Vera Schulze aus Spremberg, die als 23jährige am 14. September 1946 verhaftet, wegen „Spionage" von einem Militärtribunal zu 15 Jahren Arbeitslager verurteilt und in das Speziallager Sachsenhausen eingewiesen wurde. Als Folge der Mißhandlungen mußte sie dort 1949 operiert werden. Wegen der unzulänglichen medizinischen Zustände dort kam es zu Folgekrankheiten, die – nach der Einlieferung 1950 in Hoheneck – zu mehreren schweren Operationen (durch Häftlingsärzte) im Haftkrankenhaus Waldheim führten. Im Oktober 1951 mußte ihr ein Arm amputiert werden, im Frühjahr 1952 noch das Schultergelenk. Trotzdem wurde die Schwerstbehinderte erst am 16. Januar 1954 entlassen – nach 7 Jahren und vier Monaten Haft.

„Ich landete erst in der U-Haft in Ost-Berlin, in der Stasi-U-Haft, die war grausam genug. Das kann ich also nur bestätigen, was die Damen vorher erzählt haben. Zwar hatten wir hygienisch etwas bessere Bedingungen als damals, das muß man auch dazu sagen, allerdings nur in der U-Haft in Berlin. Wir waren in Einzelzellen untergebracht, das war auch so eine Art Folter. Eine zweite Folter war, daß man nachts nicht schlafen durfte. Ich wurde alle zwei Minuten mit Licht angestrahlt. Wenn ich meine Decke über den Kopf gezogen habe, dann wurde die Klappe aufgerissen und dann schrie einer: ‚Nehmen Sie gefälligst die Hände auf die Decke oder wir machen Ihnen Beene.' Das nachts in einer Einzelzelle! Was meinen Sie, wie schnell Sie sich dann wieder ‚anständig' hingelegt haben. Aber wenn Sie alle zwei Minuten angestrahlt werden mit einer taghellen Glühbirne, finden Sie keinen Schlaf. Das ist wie dieser bewußte Wassertropfen aus dem Wasserhahn." (Thiemann)

„Eine weitere Folter war, daß man dem Betreffenden Drogen gegeben hat. Ich habe wissentlich ein einziges Mal Drogen bekommen, so ein Wasserglas voll. Da stand plötzlich ein Uniformierter in meiner Zelle und schrie mich an:'Trinken!' Ich sagte: ‚Und warum soll ich das trinken am Vormittag?' ‚Trinken!' Und er gab mir keine Auskunft. Ich weigerte mich, weil ich dachte, man will mich umbringen. Und dann schrie er noch mal ‚Trinken!'. Daraufhin habe ich dann das Wasserglas an die Lippen genommen, und als ich die ersten Schlucke, noch nicht einmal Schlucke, vielleicht Tropfen auf den Lippen hatte, wurde alles taub. Er stand so bedrohlich vor mir und schrie ‚Trinken!', da hab' ich das ganze Glas hinuntergeschüttet. Es dauerte nicht lange, die ganze Seite war wie gelähmt. Irgendwann dann, ich kann es nicht mehr sagen zeitlich, fiel ich um. Ich hab' mich versucht zu konzentrieren, weil ich eben immer der Meinung war, man will mich umbringen. Man hatte das sicher nicht vor, denn etwa am zweiten Tag wurde ich zu einem zehnstündigen Verhör geholt. Kein Essen, kein Trinken, nur verhört. Man wollte, daß ich meinen Mann verrate."
(Thiemann)

Schwerkriegsverbrecher

Es gehörte zur sowjetischen und zur DDR-Propaganda, die verurteilten und nicht verurteilten Häftlinge der Speziallager als Nazi- und Kriegsverbrecher zu bezeichnen, auch, um sich in der Propaganda gegen die Bundesrepublik Deutschland als eine Macht darzustellen, die konsequent den „Faschismus" verfolgt und ausgerottet habe – im Gegensatz zu Westdeutschland, wo die Nazis und Kriegsverbrecher nur halbherzig verfolgt wurden und wieder ihre alten Stellungen einnehmen konnten. Diese alte Propaganda wirkt bis heute fort, vor allem in der Diskussion um die Gedenkstättengestaltung in den neuen Bundesländern. Politiker und sogar Wissenschaftler, die sich mit dem Thema

Konzentrationslager und Speziallager befassen, gehen – obwohl seit den 50er Jahren Erlebnisberichte und kleinere Dokumentationen vorliegen – noch immer von der Annahme aus, daß wohl doch, wenn nicht alle, etliche der damals von der sowjetischen Geheimpolizei und ihren deutschen Helfern inhaftierten Deutschen „belastet" waren. Dabei spielt bei diesen politologischen Überlegungen offensichtlich die Frage keine Rolle, ob denn auch ein „Belasteter" einem KZ-ähnlichen System unterworfen werden durfte.

Wenn man davon ausgeht, daß die von sowjetischen Militärtribunalen verurteilten Frauen und Männer schwerer belastet gewesen sein müßten, als die nicht verurteilten, dann kann die Darstellung über die Frauen von Hoheneck nur den Unsinn der gesamten Propaganda und den Zufallscharakter sowohl der Verhaftungen als auch der Verurteilungen belegen. Annerose Matz-Donath hat in einer Untersuchung[13] über die Frauen und Mädchen, die als SMT-Verurteilte Hoheneck durchlitten haben, einige erschütternde Daten zusammengetragen, die das Ausmaß des kommunistischen Terrors vom Mai 1945 bis weit in die 50er Jahre hinein umfassen.

Von den 1.314 Frauen und Mädchen in Hoheneck (zu der ursprünglichen „Stammbesatzung" der aus den Speziallagern eingelieferten 1.119 weiblichen Häftlinge kamen noch Frauen hinzu, die von den bis 1955 wirkenden sowjetischen Militärtribunalen verurteilt worden waren) waren 69 bei Kriegsende zwischen 11 und 15 Jahre alt; 378 Frauen standen 1945 zwischen dem 16. und 20.Lebensjahr, 683 hatten zum selben Zeitpunkt ein Alter zwischen 21 und 40 erreicht. 179 Frauen waren bei Kriegsende älter als 40 Jahre; die fünf ältesten hatten die 60 überschritten.

Über 1147 Frauen und Mädchen liegt eine undatierte, vermutlich 1953 zusammengestellte Aufstellung über die „Art der Verbrechen" vor, die von der sowjetischen Kontrollkommission (SKK) von den DDR-Behörden angefordert worden war. Danach waren die Frauen und Mädchen verurteilt worden wegen „Spionage" (550), „Antisowjetischer Agitation" (155), „Schädlingsarbeit" (110), „Kriegsverbrechen oder Verbrechen gegen die Menschlichkeit" (103), „Mitwisserschaft" (96), „Aufruf zum Aufstand, Teilnahme an antisowjetischen Organisationen oder Gruppen" (49), „Sonstiger Verbrechen" (44), als „Terroristen" (30) oder „Diversanten" (5) und wegen „illegalen Waffenbesitzes" (5)[6] Für jene, die nun darauf hinweisen, daß doch „immerhin" über einhundert Frauen und Mädchen wegen Kriegsverbrechen und Verbrechen gegen die Menschlichkeit verurteilt wurden, sei ein Zitat der DDR-Justizministerin Dr.Hilde Benjamin („Rote Guillotine") aus einem Brief vom 15.April 1955 an

> den Ministerpräsidenten Otto Grotewohl ausgeführt: „... Die jetzige [Begnadigungs-]Liste enthält zwar überwiegend solche Personen, die wegen Kriegsverbrechen, d.h. wegen Verbrechen gegen die Menschlichkeit verurteilt wurden und zwar hauptsächlich auch solche, denen keine unmittelbare persönliche Schuld, sondern nur eine sogenannte Kollektivschuld zur Last fällt ..."[7]

7. Der Transport

Die Erlebnisse der Frauen in den Speziallagern der sowjetischen Besatzungsmacht sollen hier ausgespart bleiben. Sie sind in etlichen Dokumentationen und Erlebnisberichten festgehalten[8]. Ebenso wie die einzelnen Transporte zwischen den Lagern und in die Sowjetunion erfolgte die Verlegung der verurteilten Frauen aus den Lagern nach Hoheneck in Güterwaggons. Die von DDR-Gerichten verurteilten Frauen wurden aus den Untersuchungshaftanstalten des Staatssicherheitsdienstes oder bei Verlegungen aus anderen Anstalten im „Grotewohl-Expreß", dem Gefangenentransportwagen, oder (seltener) auf einem Lastkraftwagen oder im Bus nach Hoheneck gebracht.

„Die jungen Mädchen, die Ehefrauen, die Großmütter kamen von Sachsenhausen. 30 bis 35 in einem Viehwaggon zusammengepfercht, in der Mitte ein Loch für die Notdurft. Das verstopfte schnell, das vereiste in dem kalten Winter. Die Exkremente verteilten sich auf dem Boden. Das hatten wir bei jedem Transport." (Matz-Donath)

„Dann kam ich mit einem Transport nach Hoheneck. Wir waren alle aneinander mit Handschellen gefesselt. Es waren auch Männer dabei, die erst in Buchenwald abgesetzt wurden, dann später noch in Waldheim, und dann kam danach Hoheneck. Zwischendurch mußten wir ja auch mal notgedrungen ‚kurz um die Ecke'. Der Bus hielt mitten auf der Straße und wir durften dann ins Feld. Da war kein Gebüsch, da war kein Strauch, da war gar nichts. Aber was tut man nicht alles in der Not." (Matz)

„Wir wurden dann zum Viehtransport, so glaube ich, waren wir deklariert. Im Wagen drei Tage! Wieder das übliche. Der Transport voll, stinkend, nicht genügend zu trinken usw. Dann landeten wir hier in Hoheneck." (Schiffer)

„Ich war (nach einer Operation) nicht in der Lage, Treppen zu steigen oder längere Strecken zu laufen, obwohl ich mit aller Kraft versucht habe, mich überhaupt fortzubewegen. Und in diesem Zustand bin ich hierher transportiert worden nach Hoheneck, und zwar mit dem sogenannten Grotewohl-Expreß. Wir waren unterwegs zwei Tage mit Zwischenstation in Markkleeberg. Ich habe den Eindruck gehabt, daß ich vorher schon solche Wagen gesehen hätte. Da hatte ich gedacht, das sind Postwaggons mit verätzten Scheiben. Und wenn man dann drinnen war, dann mußte man feststellen, daß Zellen dort drin waren. Die hatten etwa die Größe eines Quadratmeters mit fünf Klappsitzen, also Brettern zum Herunterklappen. Zwei lagen gegenüber und einer konnte am Fenster heruntergeklappt werden. Es war nicht einmal möglich, dort zu sitzen, vernünftig zu sitzen. Mir ist es umso schwerer gefallen, weil ich das Bein nicht beugen konnte und mir eigentlich auch der Platz fehlte. Unsere Verpflegung bestand aus zwei Tassen Malzkaffee. Und so kamen wir am 26. Januar 1989 in Karl-Marx-Stadt auf dem Bahnhof an, aneinandergefesselt, und wurden hierher nach Hoheneck gebracht." (Bielke)

8. Die Einlieferung in Hoheneck

Die ersten Frauen und Mädchen, die 1950 nach Hoheneck kamen, glaubten, den sowjetischen Drangsalierungen entronnen zu sein. Nach der furchtbaren Untersuchungshaft, den absurden Verurteilungen durch die sowjetischen Militärtribunale und dem qualvollen Leben in den Speziallagern Sachsenhausen und Bautzen konnte die Übergabe an eine deutsche Justiz nur Verbesserungen bringen, vielleicht sogar eine Reduzierung der grotesken Strafaussprüche. „Bei den Deutschen" würde man vielleicht auch seine Unschuld beweisen können. Die Frauen und Mädchen hatten sich geirrt! Auch die von DDR-Gerichten verurteilten Frauen wurden in Hoheneck ‚freundlich' empfangen und bekamen bald den ersten Eindruck vom sozialistischen Strafvollzug.

„Und dann kamen wir nach Hoheneck und dachten, mein Gott, das ist ja nun nach 15 Monaten Zellenhaft das Ideale. Das war es aber nicht. Ich kam sofort in das Zellenhaus. Ich war eine ‚Hochstraflerin', zwar keine 25 Jahre, aber immerhin 20 Jahre. Und wir dachten nun, mein Gott, wir sind bei den Deutschen! Aber weit gefehlt." (Matz)

„Wir kamen an, mußten uns auf dem Innenhof aufstellen, und dann kam ‚1,50 mit Hut', eine Wachtmeisterin, die wir auf Grund ihrer Größe so nannten[9]. Ihr erster Satz war: ‚Wenn es eine Gerechtigkeit Gottes gäbe, wäret ihr längst verreckt!' Also, ich kann Ihnen nicht sagen, wie einem da zumute war." (Schiffer)

„Als ich hier ankam in Hoheneck waren eine, maximal zwei politische Gefangene aufgeteilt auf die Zellen mit Schwerkriminellen. Ich hatte den Eindruck, das ist die Hölle auf Erden, das ist der Abschaum der Menschheit, weil ich nie im Leben geahnt hatte, was Menschen so fertig bringen. Ob das jetzt Morde waren, wie hier schon gesagt wurde, oder Betrüger, die mehr hinter Gittern saßen, als draußen waren. Und die haben uns Politischen das Leben zur Hölle gemacht. Am gleichen Abend [nach der Einlieferung] gab es noch so eine Art medizinischer Voruntersuchung oder wie auch immer. Was für mich total schockierend war, war die erste Frage nach dem Paragraphen. Es wurde nicht gefragt: ‚Fehlt Ihnen etwas?'. Bei mir war es ja offen-

Wachpersonal der Strafvollzugsanstalt Hoheneck in den 50er Jahren. In der Mitte „Einsfünfzig mit Hut", die verhaßte Wachtmeisterin Margarete Müller, später verheiratete Suttinger.

sichtlich. Die erste Frage galt: Weswegen sind Sie hier, welchen Paragraphen haben Sie? Da war mir eigentlich schon klar, wo ich eingeordnet werde." (Bielke)

„Gleich beim Eingang hatte ich ein Gespräch mit einer Wachtel[10], die mich fragte, ob ich gerne arbeiten würde. Ich sagte natürlich ja, weil man nach einem halben Jahr Einzelhaft heilfroh ist, wenn man unter Leute und arbeiten darf. Dann sagte sie aber noch zu mir: ‚Ja, zehn Mörderinnen sind mir lieber, als eine von Ihnen'. Also, da war ganz klar, wo wir waren. Wie waren wirklich die Allerletzten. Wir waren eben Staatsverbrecher, obgleich wir nichts weiter getan haben, als daß wir rüber wollten." (Dr. Kramer)

„Als wir hier ankamen von Berlin bzw. über Chemnitz dann hier nach Hoheneck, da wurde man in die sogenannte Zugangszelle gesteckt. Und dort wurden wir von einer Leutnant Dietrich geholt zum ersten Gespräch. Die hat einen dann zur Arbeit eingeteilt. Auf die Frage ‚Welches Delikt haben Sie', hat man gesagt ‚Paragraph sowieso' (wir natürlich § 213)[11]. Und da war wörtlich die Antwort: „Ach so eene sind se, das kommt ja gleich nach'm Massenmord". (Thiemann)

"Wachteln" der 50er Jahre in Hoheneck.

9. Die Unterbringung

Die weiblichen Häftlinge kamen in eine Haftanstalt, die völlig überbelegt war. Unter den oft dreistöckigen Pritschen lagen auf dem Boden noch Matratzen, die nachts hervorgezogen wurden für die sogenannten Bodenschläfer. Weil der Raum zu eng war, mußte hierfür der Tisch nachts aus der Zelle geschafft und morgens wieder hereingeholt werden. Bis unter das Dach wurde jeder Raum ausgenutzt, um so viele Häftlinge wie möglich unterzubringen. Entsprechend miserabel waren die hygienischen Verhältnisse dieses sozialistischen Strafvollzugs. Erst nach längerfristigen Baumaßmaßnahmen wurden 1976/77 die Zellen mit Wasseranschlüssen und Toilettenbecken versehen. (Bis dahin mußten die Frauen „kübeln" und sich in einem riesigen Waschraum waschen.) Der Leser möge sich einmal vorstellen, daß er seine Morgenwäsche in einer Reihe mit anderen absolvieren muß, während drei Schritte hinter ihm, ohne Schamwand getrennt, andere Mitgenossen auf dem Klo sitzen – und umgekehrt. Selbst bei den intimsten Verrichtungen: die Inhaftierte war nie allein. Ihr Selbstbewußtsein, ihre Würde als Frau sollten gebrochen werden.

„Später, als es Betten – Doppelstockbetten – gab, standen sie auf dem Schlafsaal so eng, daß ältere Damen von etwas mehr Volumen schon gar nicht mehr ins Bette gefunden hätten. 30 cm breit war teilweise der Abstand. Auch das ist dokumentiert,

Zwei ehemalige Häftlinge im September 1991 in einer Zelle der Haftanstalt Hoheneck, die früher mit 42 Häftlingen belegt war, heute für zwei Gefangene eingerichtet ist. *(Foto: Thiemann)*

weil eine Feuerschutzkommission aus Berlin nicht etwa meinte, es sei menschenunwürdig, sondern es bestünde die Gefahr, daß der Hausboden abbrennen könne und man dann im Falle eines Falles überhaupt nicht löschen könne, weil die Betten so eng stünden. Die Betten reichten bis unmittelbar unter die bloßen Ziegel. Wir konnten von innen fast nach dem Himmel schauen. Der Wind pfiff durch. Im Winter sikkerte der Schnee auf unsere Köpfe. 1952 faßte man den Plan zu einer notdürftigen Reparatur – auch nicht, weil wir unter Kopfneuralgie und Schlimmerem litten, sondern weil die Gefahr bestand, der ganze Dachstuhl könnte einstürzen. Und die Reparatur war dann ostzonenförmig." (Matz-Donath)

„Ich war unter anderem im Jugendschlafsaal, weil ich eben so ein grüner Hupfer war in der Jugendgemeinschaft. Und über der Jugendgemeinschaft war der Jugendschlafsaal. Der war sehr eng, natürlich das übliche, Doppelbetten usw. Es war eine ‚Scheune'. Da hatten wir oben nur kleine Luken, die natürlich immer auf sein mußten ob dieses fürchterlichen Gestanks von der Toilette. Ich weiß nicht, ob wir 200 Frauen waren in diesem Saal. Es war ein mörderischer Gestank. Man brauchte die Luft. Und ich, luftgierig und sportlich wie ich gewesen war, natürlich in's Oberbett unter so eine Luke. Wir hatten ja sehr schön kalte Winter. Trotz Kopftuch um, war ich jeden Morgen dann eingeschneit bis zur Nasenspitze. Natürlich auch am Kopf entsprechend kalt. . . . Wir hatten hier auch einen Schlafsaal, den nannten wir Kristallpalast. Da war auch wirklich eine hündische Kälte. Zum Teil mußten wir im Winter zu zweit auf ein Bett kriechen, weil wir nicht genügend Decken hatten, um uns zu wärmen." (Schiffer)

„Wir haben in einer Zelle gelegen mit 42 Frauen und zwar in Dreistockbetten, nicht in zwei. Bei uns waren es schon Dreistockbetten. Genau so enge Gänge, wie das meine Kameradinnen erzählten vorhin aus den fünfziger Jahren, und keine Luft. Und es gab sogar Bodenschläfer, und zwar nur in den ‚politischen' Zellen. Da, wo nicht genügend Betten in der Zelle waren, wurden eben nachts Matratzen auf die Erde gelegt. Und wenn wir uns aus unserem Dreistockbett runterhangelten, sind wir, weil wir nachts ja kein Licht in der Zelle hatten (das auch nur von außen zu betätigen war), den Frauen irgendwo hingetreten, mitten auf den Bauch, auf die Brust, ins Gesicht, weil wir sie nicht sehen konnten." (Thiemann)

„Also die hygienischen Verhältnisse hier in Hoheneck waren katastrophal. Wir hatten ja diese Pferdetränken mit drei Wasserhähnen und einer Toilette, die zu unserem Verwahrraum[12] gehörte. Das gleiche war auf der anderen Seite noch einmal, aber alles offen. Dann schloß sich der andere Verwahrraum an, der genau so belegt war. Also alles spielte sich in dem einen Raum ab. Es gab wahnsinnig viel Fußpilz und eben auch andere Hautkrankheiten durch diese miserablen Verhältnisse." (Dr. Kramer)

10. Strafen, Schikanen

Unter den Umständen der Haft in überfüllten Zellen und Schlafsälen, mit schwerer Arbeit, schlechtem Essen und den militaristisch geprägten Abläufen des sozialistischen Strafvollzugs wiegen kleine Sticheleien und Schikanen des Wachpersonals besonders schwer. Und man vergesse nicht, daß diese Frauen und Mädchen keine Kriminellen waren oder aus einem kriminellen Milieu stammten, sondern aus „gut bürgerlichen" Kreisen und Familien stammten und unvermittelt in diese „andere Welt" gestoßen worden waren. Erst das Strafvollzugsgesetz von 1977 brachte auch in Hoheneck Erleichterungen. Prügel („Anwendung von unmittelbarem Zwang") sollten nur noch in Ausnahmefällen gestattet sein. Außerdem gab es einige Verbesserungen im Besuchs- und Postverkehr. Im Prinzip änderte sich aber nichts.

„Ich war zuerst tätig in der Ambulanz, später dann in der Schneiderei als Mechaniker. Es wurden Uniformen genäht oder Arztkittel. Und dabei fielen immer so kleine weiße Streifchen ab. Ich hatte keine Nachtbekleidung und mußte deshalb immer ein und dieselben Hemden – die dann nach einigen Tagen natürlich anfingen zu stinken

— Tag und Nacht anziehen. So wollte ich ein kleines Nachthemd haben. Dazu wurde so aus kleinen Stücken ein Nachthemd aneinandergesetzt. Ganz kurz, aber immerhin, ich fühlte mich sehr wohl darin. Und wie ich eines Tages zum Dienst war (wir hatten natürlich Schichtdienst), wurde die Zelle durchsucht und man entdeckte dieses Nachthemd. Es war ja schließlich aus Garn und aus Abfällen des Volkseigentums gemacht worden! So marschierte ich in den Karzer, unten im Keller mit einer Eisentür davor und dann noch ein Gitter. Ich war acht Tage drin. Jeden dritten Tag bekam man etwas zu essen, warm, und die übrigen Tage früh morgens Kaffee und abends Kaffee. Und das ‚Bett' mußte man raustun: das Bett, das war unser Strohsack, der lag vor der Tür, und den durften wir uns jeden zweiten Tag hereinnehmen. Sonst mußte man dann auf der Eisenpritsche liegen oder auf dem Fußboden. Je nachdem. Und natürlich ein Kübel drin." (Matz)

*„Ich komme also [im November 1950] in die Poststelle, und die dort sitzende Wachtmeisterin fragte mich nur kurz: ‚Ist bei Ihnen jemand krank gewesen?' ‚Nee', habe ich gesagt, ‚ich wüßte nicht.' Und da schmeißt sie mit einer ganz lässigen Bewegung einen schwarzumrandeten Brief rüber: die Todesanzeige meines Vaters! Also, ich muß gestehen, ich bilde mir ein, mich in vielen Situationen immer ganz gut im Griff gekriegt zu haben, aber da habe ich gedacht, mir reißt es die Füße weg. Und da ich nun wußte, daß meine Mutter relativ hilflos war, denn sie war von den Russen vergewaltigt, hatte lange Zeit im Krankenhaus gelegen und schwere Operationen hinter sich, so war es für mich schon eine sehr bedrückende Situation. Ich habe diese Mitteilung dann an mich genommen und bin halb chloroformiert aus dieser Poststelle rausgegangen."
Jutta Giersch in: „Hohenecker Protokolle — Aussagen zur Geschichte der politischen Verfolgung von Frauen in der DDR", herausgegeben von Ullrich Schacht, Zürich 1984.*

„Man hatte ja die Pflicht zu sagen ‚Strafgefangene Grünke bittet, eintreten zu dürfen' oder ‚Frau Wachtmeisterin, würden Sie bitte so freundlich sein und mir mal den Schrank aufschließen, damit ich eine Spritze raushole' oder eine Salbe oder was, wenn ich in der Ambulanz assistierte." (Grünke)

„Das erste Weihnachten, das wir hier verlebten. Wir bekamen Pakete, durften aber weder Kakao, noch Kaffee, noch Tee, noch Alkoholitäten annehmen. Ich war seinerzeit in der Ambulanz tätig. Und es war ein Befehl, daß alle Dinge, die den Strafgefangenen geschickt und nicht angenommen wurden, entweder an die Angehörigen wieder zurückgingen oder der Allgemeinheit zur Verfügung gestellt wurden.

29

Dieser Erlaubnisschein ist dem Paket wieder beizulegen!

Erlaubnisschein für ein Paket

Registrier-Nr. des Gutscheines:

für Monat: Nr.

Auf Grund der Führung des Gefangenen wird die Zusendung eines Monatspakets gestattet.

Das Paket kann enthalten:
500 g Fett (Butter, Schmalz oder Margarine), 250 g Käse, 250 g Speck, 500 g Wurst, 500 g Kristall- od. Würfelzucker; für den Rest: Obst, Zwiebeln, Markenkeks in Original-Verpackung. – Das Gewicht der Lebensmittel darf 3 kg netto nicht übersteigen.

Falls eins der vorgenannten Lebensmittel nicht vorhanden, kann die fehlende Menge durch Obst, Zwiebeln oder Markenkeks in Originalpackung ergänzt werden.

Das Paket darf nicht enthalten: Backwaren aller Art (außer Markenkeks in Original-Verpackung), Genußmittel, Tabakwaren jeder Art, Süßwaren (außer Kristall- oder Würfelzucker), sogenannte Stärkungsmittel, Medikamente, Toiletten-Gegenstände, Seife, Geld, Briefmarken. – Post od. Fotos dürfen ebenfalls nicht beigelegt werden.

Ein Inhaltsverzeichnis über die gesandten Lebensmittel ist in das Paket einzulegen.

Die Verpackung der Lebensmittel darf nicht in Dosen, Büchsen, Einweckgläsern erfolgen. Außerdem dürfen darin keine Metallgegenstände (Nadeln u. ä.) enthalten sein.

Wenn Sie Wert darauf legen, daß die Lebensmittel Ihrem Angehörigen ausgehändigt werden sollen, so halten Sie sich bitte unbedingt an vorstehende Richtlinien. Senden Sie nicht mehr als 3 kg netto, damit wir nicht gezwungen sind, das Paket zurückzusenden oder gar die Erlaubnis für weitere Pakete verweigern zu müssen. Sie vermeiden sich selbst Ärger und Unkosten und Ihrem Angehörigen Verdruß.

Seife und Zahnputzmittel werden von seiten der Anstalt ausgegeben

Der Leiter der Anstalt.

Und das spielte sich so ab: es wurden zwei oder drei Gefangene in die Küche beordert. Und da wurde alles in einen Kessel geschüttet: Kaffee, Tee, Alkoholitäten, Kakao. Und das wurde eine große Brühe, und die kriegten wir dann ausgeteilt. Wir mußten unterschreiben, daß das und das alles den Gefangenen zur Verfügung gestellt wurde. Fragen Sie nicht, wie das Zeug schmeckte. Aber es war dem Gesetz genüge getan worden."   (Abraham)

„Das fing wie bei den Soldaten an. Das Bett mußte richtig ‚gebaut' werden, die Kleiderordnung mußte richtig sein. Und dann war ja auch der Rundgang im Hof. Wir hatten eigentlich eine halbe Stunde Rundgang. Die wurde nie eingehalten. Die Politischen hatten zehn Minuten. Im Schnee mit solchen dünnen Schuhchen und dann nach Kommando in Dreierreihen: ‚Links, links zwo, drei, vier!' Und so mußten wir unsere zehn Minuten absolvieren. Anschließend ging es mit klatschnassen Füßen in die Nachtschicht."   (Thiemann)

„Arbeitstauglichkeitsuntersuchung durch eine Frau Major Gerlach[13]. Die ist wahrscheinlich niemandem weiter bekannt. Diese Frau Gerlach — inzwischen soll sie eine Praxis haben hier in Chemnitz, eine Privatpraxis — hatte über mich aus [der Haftanstalt] Halle nicht etwa die dicke medizinische Akte mitbekommen, sondern

Das Innere des Zellenhauses (Foto: Mako)

nur ein DIN-A4-Blatt, was maximal zu zwei Dritteln beschrieben war. Diese Frau Gerlach hat mich als voll arbeitstauglich eingestuft. Und mit dieser schweren Verletzung mußte ich dann in ein Arbeitskommando. Für ehemalige DDR-Bürger, die ja sehr viel erfahren haben über die Zustände im KZ, ist das vielleicht noch bezeichnender als für die sogenannten Wessis; denn Begriffe wie Arbeitskommando, Effekten und Kalfaktor, die gab es ja schon zu KZ-Zeiten. Ich war im Arbeitskommando Planet 2 und wurde eingeteilt an einer Nähmaschine zum Nähen von Kopfkissenbezügen." (Bielke)

„Ab und an, wenn wir mal müde von der Arbeit kamen, vor allen Dingen von der Nachtschicht, mußten wir in einen Raum treten und uns ausziehen. Alles, aber alles wurde umgekrempelt von unseren Kleidungsstücken. Wir mußten dann, so wie wir waren, breitbeinig Kniebeugen machen, um zu sehen, ob wir was versteckt hatten. Wenn wir dann in die Zellen kamen – sahen die aus! Also alles verwüstet und alles durcheinander und die Kinderbriefe waren weg und die Bilder waren weg, und alles was man überhaupt so an winzig kleinen Habseligkeiten hatte, alles war verschwunden. Das war eben auch eine von den ganz schlimmen Schikanen da." (Dr. Kramer)

„Die Razzien, die angesprochen worden sind, wurden ja prinzipiell möglichst nach der Nachtschicht gemacht. Und da wurde nicht ein Fach und irgendetwas durcheinandergewürfelt oder weggenommen. Da wurden ja die Lebensmittel oder das, was man sich ein bißchen zurückgehalten oder von seinen paar Pfennigen gekauft hat, wurde ja alles ineinander auf einen Haufen geworfen, ob das ein Kamm war oder Lebensmittel oder die Kleidungsstücke. Es wurde ja alles zusammen mit Seife, Zahnpasta, alles zusammengemacht. Und dann mußte es aber auch in einer bestimmten Zeit wieder in Ordnung sein. Und dann durfte man sich erst ins Bett legen." (Böckmann)

„Mit Gummiknüppeln wurde nur so reingedroschen vom weiblichen Wachpersonal, ob das Jugendliche waren, ob das ältere Frauen waren, die getroffen wurden. Wenn eine Schicht von der Arbeit kam und unsere ‚lief ab', dann begrüßten sich natürlich Schwestern oder Freundinnen oder Mutter und Tochter, die immer grundsätzlich getrennt untergebracht waren. Die begrüßten sich dann auf die Schnelle. Und dann ging das Personal dazwischen. Wir haben erlebt, wie ein junges Mädchen, 20 etwa, die Babsi, eine Freundin begrüßte. Dann ging die Wachtel auf sie los, hat sie an den Haaren gepackt, den ganzen Gang entlanggeschleift. Die hat dann geschrien ‚Das ist ja hier schlimmer wie im KZ!' Dann holte die mit ihrem Stiefel aus ... und dann konnte man nicht mehr, dann sind wir dazwischen gegangen. Ich habe Glück gehabt. Ich bin nicht in den Arrest gekommen, nur das Mädchen." (Thiemann)

„Wenn man sich im Schichtwechsel begegnete und entweder einen Kassiber oder einen kurzen Gruß wechselte — so wie das einer vom Wachpersonal mitgekriegt hat, gab es, man konnte gar nicht sagen Schläge. Das war ja viel mehr als das."

(Böckmann)

„Und da möchte ich Sie auch bitten, daß man Ihnen einmal diese Keller-Arrestzelle zeigt, die man unter Wasser setzen kann, in der auch eine Kameradin aus unserer Zelle untergebracht war — und zwar 42 Tage am Stück. Das Gesetz besagt, sie dürfen 21 Tage Arrest bekommen, müssen dann erst zwei oder drei Tage frei sein, also raus in die normale Zelle. Und die wurde 42 Tage am Stück im Sommer in diese Wasserzelle gesteckt, kam mit fast erfrorenen Füßen da heraus. Im August!"

(Thiemann)

„Also die Frauen wurden geschlagen. Die haben gebrüllt. Da gibt es hier diese Schleuse. Da wurden die Frauen reingebracht. Und wir im Innenhof haben das dann gehört. Die haben tierisch geschrien, und das Wachpersonal hat gemeinsam mit Gummiknüppeln die Frauen zusammengeschlagen. Den einen Fall muß ich noch erzählen, weil er ganz furchtbar ist. Da war eine Frau, die war nervlich sehr reizbar. Und das Wachpersonal, wenn die nichts zu tun hatten, hat diese Frau bewußt gereizt. Das war allerdings eine aus der kriminellen Schicht, aber das spielt ja keine

Rolle. Sie wurde gereizt, und sie hat sich gewehrt und hat dann irgendetwas geschimpft. Dann hat man sie in eine Einzelzelle gesperrt, die Matratzen vom Bett genommen. Auf diese Metallbetten gelegt. Dann wurde sie an allen Seiten – hier ein Bein, hier ein Bein, hier ein Arm, hier ein Arm – mit Handschellen befestigt. Und dann haben sie zu viert mit Gummiknüppeln auf sie eingeschlagen. Ich kann das Ihnen nur deshalb erzählen, weil wir zwei auf der Krankenstation zusammen waren. Da lief diese Frau herum und hatte aber eine schwarzblaue Schulterpartie und einen schwarzblauen Schenkel! Und da haben wir sie gefragt, was sie gemacht habe, wie das passiert sei. Und da hat sie uns diese Sache erzählt." (Thiemann)

Nach der Anhörung: die Zeuginnen Brigitte Bielke, Birgit Böckmann, Lucie Schmieder, Dr. Bärbel Kramer und Ellen Thiemann von der „Schleuse"
(Foto: Thiemann)

11. Arbeitseinsatz

Der DDR-Strafvollzug sah den Einsatz des Strafgefangenen zur Arbeit als Erziehungsmittel. Grundsätzlich hatte der Häftling, also auch der politische, zu arbeiten. Während die Frauen in den 50er Jahren so weit wie möglich zu Hausarbeiten eingesetzt wurden, wurde nach und nach ein kompliziertes System von Werkstätten Volkseigener Betriebe mit besonderer Häftlingsentlohnung eingerichtet[14]. Die — meist einfache und minderwertige — Arbeit des Häftlings erfolgte natürlich nach Normvorgaben, deren Erfüllung durch interne Maßnahmen der Anstaltsverwaltung durchgedrückt werden konnte. Neben Disziplinarstrafen wurde vor allem durch Minderung der sowieso beschränkten Einkaufsmöglichkeiten (Zigaretten, Kosmetika, Obst u. ä.) Druck auf die Häftlinge ausgeübt. (Im Zusammenhang mit unserem Thema muß darauf hingewiesen werden, daß die Zukaufmöglichkeiten erst in den 60er Jahren geschaffen wurden.) In Hoheneck waren es die Volkseigenen Betriebe Planet (Wäsche, vor allem Bettwäsche), Elmo (Elektromotorenbau), Esda (Strumpfhosen) und ab Ende der 70er Jahre das Wäschekombinat Lösnitz — WKL — (Herrenoberhemden), die in der Anstalt arbeiten ließen und die Ware vor allem in der Bundesrepublik Deutschland über große Versandfirmen absetzten.

„Dann die Arbeitsnorm. Ich habe auch in Elmo, in dieser Elektromotoren-Werkstatt gearbeitet. Die Arbeitsnorm war dermaßen hoch; ich habe nie im Leben mit meinem Händen so mein Geld verdienen müssen. Also, ich konnte es nicht, ich habe es wirklich nicht geschafft. Ich hab' also wirklich für 3 Mark gearbeitet. Aber es war so, daß die Wachtel neben mir gestanden hat und gesagt hat: ‚Wenn Sie nicht wollen, wir können auch anders'. Das haben die am Anfang ein paar Mal zu mir gesagt, so daß ich eine wahnsinnige Angst hatte, in den Arrest zu kommen. Aber sie haben nachher dann wohl doch gesehen, daß ich es wirklich nicht konnte, und haben mich halt gelassen. Aber man hat sich in den acht Stunden Nachtarbeit tatsächlich nicht getraut, auf die Toilette zu gehen. Man hat es nicht gewagt." (Dr. Kramer)

„Ich hatte sehr zu tun mit Allergie. Und das ging bei mir in den Kopf. Ich dachte bei mir, ich könnte ersticken, wenn ich keine Hilfe kriege. Nachtschicht gehabt. Unsere Aufseherin, die da im Elmo-Werk war, sagte: ‚Strafgefangene Schmieder, wir schmeißen mal Licht an, damit Sie wenigstens in die Zelle kommen'. Hohes Fieber

Der Hof der Anstalt nach der Wende: neu sind Bänke und Kandelaber. Im linken Gebäude mußten die Frauen arbeiten, die rechts im Zellenhaus untergebracht waren. Im Gebäude in der Mitte residierte der Staatssicherheitsdienst; rechts daneben die „Schleuse". *(Foto: Thiemann)*

gehabt. Da kommt doch so eine Wachtel und spricht, ich soll mit den Händen arbeiten und nicht mit den Ohren. Dann war das nächste, daß ich in die Motorenwickelei kam. Das Band konnte ich nicht vertragen. Ich bin überallergisch, ich weiß es. An den Händen war rechts und links das rohe Fleisch. Ich mußte aber weiterarbeiten, weil ich meine Norm nicht erfüllt habe. Ich hatte keinen Rundgang und mußte die Zeit bei der anderen Gruppe nacharbeiten. Ich habe vier Mark Taschengeld gekriegt im Monat." (Schmieder)

„Und ich habe Doppelzwangsarbeit hier leisten müssen. Ich mußte einmal Elektromotoren machen (die meisten Politischen hier mußten in der schwersten Schicht arbeiten), Elektromotoren für Waschmaschinen, die dann im Westen zu Dumpingpreisen verkauft wurden. Die Elmo-Schicht lief im Dreischichtsystem, also auch nachts. Und am Tag mußte ich Kunst machen. Irgendwo in meinem Lebenslauf hatten die erfahren, daß ich malen kann und so ein bißchen was. Dann wurden die Forderungen immer größer. Unter anderem mußte ich einen Ernst Thälmann knüpfen, einen riesengroßen Wandteppich, 1,50 m groß. Ein politischer Häftling sollte ein

Thälmann-Porträt knüpfen! Da habe ich mich ein halbes Jahr geweigert, weil ich dachte, um Gottes willen, ich kann den zwar malen oder zeichnen, aber einen Teppich habe ich noch nie gemacht. Ein halbes Jahr haben sie mich bearbeitet, und dann haben sie zuletzt gesagt: ‚Auch wenn eine Kuh daraus wird, knüpfen Sie es'. Na gut. Ich habe es dann versucht und ich dachte, oh Gott, dann wirst du vielleicht vorzeitig entlassen, kommst zu deinem Sohn. Dann war der Teppich gelungen, da wurden die Forderungen immer größer. Ich erfuhr später so durch Zufall, der Thälmann-Teppich soll bei einem Minister im Arbeitsbüro hängen. Dann war plötzlich eine Forderung nach einem drei Meter großen Wandteppich mit dem Treptower Ehrenmal. Und da habe ich dann erfahren, als ich frei war, der soll als Gastgeschenk von der DDR-Regierung an die Sowjetregierung in Kasachstan übergeben worden sein. Und das ist irgendwie ein Hohn. Da wird ein politischer Häftling unter Druck gesetzt: ‚Wenn Sie den Teppich nicht knüpfen, kriegen Sie noch eine Zusatzverurteilung wegen Arbeitsverweigerung!' Diese Kunstwerke wurden also zusätzlich verlangt. Es gab aber nicht mehr Essen. Ich habe für den ganzen Monat 8 Mark Einkaufsgeld bekommen. Von den 8 Mark Einkauf mußte man kaufen: Zahncreme, Seife, Hautcreme. Wer Raucher war, war ganz schlecht dran, der hat sich für 1,60 DM eine Schachtel ‚Salem' gekauft". (Thiemann)

„Vom Lohn hat man uns in Hoheneck einmal 50 Mark abgezogen und einmal 30 Mark. Da hieß es, einen Betrag kriegt der Sohn, der zu Hause ist, und ein Betrag wird für uns gespart, damit wir, wenn wir entlassen werden, etwas Geld in den Händen hätten. Ich habe für die Zeit, die ich hier gearbeitet habe, 127,11 Mark ausgezahlt gekriegt. Mein Sohn hat nie einen Pfennig von mir bekommen. Ich frage mich nur, wo das Geld ist. Wir haben ja gearbeitet." (Schmieder)

12. Verpflegung, Bekleidung

Die Verpflegung in Hoheneck war stets schlecht. Insbesondere in den 50er und 60er Jahren war sie nicht nur unzureichend, sondern auch qualitativ sehr schlecht.

„Ich will Ihnen nur ein Streiflicht geben, was Hunger ist. Auf der Haferflockensuppe schwimmen statt Fettaugen Maden. Die Kameradinnen sitzen um ihren rohen Holztisch auf Bänken, stellen irgendeinen Napf in die Mitte und fischen also immer ab, was sie an Maden sehen. Und dann sind die Eßnäpfe leer, plötzlich sagt eine: ‚Ihr könnt von mir denken, was ihr wollt – ich habe Hunger, Hunger!' Grabscht in den Napf und . . ." (Matz-Donath)

„Das Essen war eine Katastrophe. Bei uns gab es sehr viele Vergiftungen, Fischvergiftungen natürlich, Nahrungsmittelvergiftungen. Keinen Nachschlag. Zu unserer Zeit war es zum Beispiel so, daß sich die Positionen Bandleiter oder Kalfaktoren zuerst bedienten. Das waren alles Lebenslängliche, und das waren alles Mörderinnen. Da hat eine Mörderin, als es darum ging, noch ein bißchen von dieser wirklich fiesen Wasserkohlsuppe zu bekommen, hat diese Mörderin gesagt: ‚Die Politischen kriegen keinen Nachschlag, das sind ja Staatsverbrecher'. Da hat quasi eine Mörderin entschieden, daß wir in unsere Schüsseln nicht noch so einen Schlag von der Wassersuppe bekamen. Und so war das hier gang und gäbe." (Thiemann)

„Weiterhin, was das Essen anbetraf. Die Kriminellen sprachen immer davon, daß es Hormonbeigaben im Essen gab, und nannten es ‚Hängolin' — den Männern vielleicht eher bekannt der Begriff als den Frauen. Ich kann das nicht beweisen, möchte aber behaupten, daß dem wohl so gewesen ist; denn nachdem ich entlassen worden war und über Gießen nach Wuppertal gekommen bin, ist ein Hormonstatus durch den Gynäkologen vorgenommen worden, und man hat festgestellt (ich war damals 42), daß dieser Hormonstatus so aussah, wie bei älteren Frauen. Das gleiche machte sich sofort bemerkbar beim Chirurgen, der dort in Wuppertal mein Knie röntge und ganz entsetzt fragte, ob ich denn schon in den Wechseljahren bin. Das sind also ebenfalls Erscheinungen, die erst bei älteren Menschen auftreten." (Bielke)

„Wie sah es mit der Bekleidung überhaupt aus? Zuerst in alte, gefärbte Volkspolizei-Uniformen gesteckt, gab es später so etwas wie Drillich. Drillich nur der Faser und dem Gewebe nach. Tatsächlich war es ein dünnes, lappiges Zeug — für den Winter zu dünn, für den Sommer zu warm. Hochgeschlossene Mao-Jacken, Kopftuch fest um wie eine muselmanische Frau, ganz festgezurrt. Und wenn man das nicht so hatte und wenn Haare herausguckten, gab es Karzer, Kellerkarzer. Das war nicht immer so. Aber es gab solche Zeiten, in denen es tatsächlich Kellerkarzer gab. Im Winter zu dünn, im Sommer zu dick — selbst beim Rundgang in der prallsten Sonne. Das hieß, ein Vierteljahr sich halbtot schwitzen, ein Vierteljahr klappernd frieren und vielleicht im Frühjahr und Herbst dann mal sich wie ein Normalmensch fühlen. Später durften sich die Werkstattarbeiter Schuhe von zu Hause schicken lassen oder kaufen vom Eigengeld. Und noch später durften sich dann alle entweder Schuhe schicken lassen oder Geld, und die Volkspolizei kaufte ihnen dann Schuhe. Ein Wort zur Wäsche: Leibwäsche mußte drei Wochen Tag und Nacht getragen werden. Frauen — da gibt es ja eben auch Monatsblutungen und andere Dinge; und unter diesen Umständen, unter denen wir lebten, gab es sehr viele Unterleibskrankheiten, Fluor und ähnliche Dinge, die eben auch nicht ohne Spuren bleiben. Wir hatten auch keine Möglichkeit, etwa selber etwas auszuwaschen. Da waren die Wasserverhältnisse nicht danach. Wir hatten keinen Büstenhalter, keine Schlüpfer, keine Strümpfe. Wir hatten Männer-Arbeitshemden ohne Kragen, wir hatten Männerunterhosen, wie hatten Fußlappen (viele hatten überhaupt nie gelernt, wie sie damit zurecht kommen sollen), diese Holzschuhe und dann eben die Kopftücher. Selbst 1954, als von uns der erste große Schub entlassen werden sollte, hat man den Frauen noch keinen Strumpfhaltergürtel und keine Strümpfe gegeben, selbst dann hat man ihnen gnädigerweise Söckchen gegeben. Das war schon die Spitze des Luxus." (Matz-Donath)

„Dann gehörte ich zu den körperlich Langen. Wir kriegten ja hier diese Männerklamotten und wo der Stiefel aufhörte, war so ein Stück frei, weil die Hosenbeine zu kurz waren. Die Unterhosen waren auch zu kurz, besser gesagt, wir waren zu lang für die Garderobe. Noch heute ist es so, in der Kälte werde ich verrückt vor Schmerzen an diesen Stellen." (Schiffer)

„Wir hatten [im Gegensatz zu den 50er Jahren] wenigstens Unterwäsche, die zwar katastrophal war — man konnte sich selbst nicht drin sehen —, aber wir hatten wenigstens Wäsche. Kaltes Wasser: einmal in der Woche sollten wir auch zum Duschen gehen. Wir wurden natürlich immer dann erst zum Duschen geführt (die politischen Schichten), wenn das Wasser kalt war. Die Kleidung haben wir auch mit eiskaltem Wasser gewaschen, wir hatten auch kein anderes Wasser." (Thiemann)

13. Medizinische Betreuung

„Der Übernahmebericht der Volkspolizei vom Januar 1950 (für alle SMT-Verurteilten) sagt zu den Folgen dieser Sachsenhausener Zeit einiges aus: Rund 30 % der zur Strafverbüßung Übergebenen hatten Tuberkulose, von anderen Krankheiten gar nicht zu sprechen. Sie waren dünn wie Striche, wenn sie nicht rund und fett waren von Wasser, das ihnen schon nicht nur in die Beine, sondern teilweise auch in den Leib gestiegen war. Eine Volkspolizei-Statistik ein halbes Jahr später weist sogar 38,5 %, also mehr als ein Drittel der Übernommenen, als tuberkulosekrank aus. Gott sei Dank war das bei den Frauen nicht so schlimm. Wir hatten nach einer Statistik vom Dezember 1951 86 Tuberkulose-Kranke. Ein gutes Jahr später, um jetzt nur auf die Tb-Statistik der Frauen zu kommen (und ich sag es, ich habe abgeschrieben aus Urkunden) hatten wir 146 Tb-Fälle. Übrigens gab es in Hoheneck zu dieser Zeit keinen Röntgenapparat, so daß also noch sehr viele Fragen offen sind zu diesen Zahlen. Im Sommer 1951 geht eine Anfrage nach Berlin: 40 % der Kranken behaupteten außerdem, sie seien so sehr fußkrank, daß sie vor Schmerzen nicht mehr laufen könnten. (40 %! Wir behaupteten, das käme vom Holzschuhtragen. Es waren ganz klobige schwere Holzschuhe mit einem hohen Schaft aus schwarzem, ganz starrem Kunstleder. Viele Frauen haben noch heute die Narben an den Knöcheln von den schweren Eiterungen. Und stellen Sie sich bitte vor, wie sie laufen: Frauenknöchel, offen, blutig, eitrig, und immer schön diese schwarzen Kunststoffschäfte bei jedem Schritt schnitt, schnitt.) Ja, also die Frauen behaupteten, ihre Füße wären kaputt, Spreizfuß, sie könnten vor Schmerzen nicht mehr laufen. Man möge doch in Berlin ärztliche Auskunft einholen, ob denn das sein könne, daß das wirklich sich so auswirke.

Zweihundert Krätzefälle zur gleichen Zeit, wie auch nach Berlin gemeldet wurde, sind unter solchen hygienischen Bedingungen wahrscheinlich kein Wunder. Und diese Krätze, das mag Ihnen belanglos erscheinen, diese Krätze juckt wahnsinnig. Und wenn Sie das am ganzen Körper haben und Sie haben nicht die richtige Salbe (sondern Sie haben etwa noch unter den gegebenen Bedingungen was ganz Verkehrtes draufgeschmiert), dann ist diese Krätze eine Folter, wie sie sich der schlimmste Folterknecht nicht schlimmer ersinnen kann. Und das waren nur so kleine Randerscheinungen. Ich sage zweihundert zur gleichen Zeit. Die medizinische Versorgung nahm in Hoheneck jeweils eine einzige Gefangenenärztin wahr. Erst 1957, als praktisch alle SMTer von hier entlassen waren, wurden freie Vertragsärzte angestellt. Lt. Akten (da sind auch Namen verzeichnet und die Honorare und die Arbeitsstunden) waren dann ein Internist, ein Zahnarzt, ein Röntgenologe und ein Orthopäde hier. Aber in der SMT-Zeit jeweils eine einzige inhaftierte Ärztin.

Eine Kameradin hatte sich den Arm gebrochen. Die Wachtmeisterin bringt sie zur Ambulanz, da sagt die Wachtmeisterin (in sächsischem Dialekt): ‚Sind Sie politisch oder sind Sie kriminell? Politisch sind Sie? Da müssen Sie warten; wenn Sie kriminell gewesen wären, da hätten wir Sie nunter nach Stollberg ins Krankenhaus gebracht.' Und da mußte die Arme warten. Der nächste Waldheim-Transport [in das Haftkrankenhaus] ging glücklicherweise zwei oder drei Wochen später. Zu dem Zeitpunkt wartete aber eine Kameradin mit einem gebrochenen Bein bereits drei Wochen. Und als die dann nach sechs Wochen mit dem Transport mitging, da war es so, daß nichts mehr zu retten war. Sie mußte mit ihrem verkrüppelten Bein durch die Haftjahre hinken. Und erst, als sie entlassen war, wurde das Bein noch einmal gebrochen und gerichtet. Ein anderer Fall. Ein vereiteter Zahn, dicke Backe, der Transportwagen zum Zahnarzt steht bereit, der Anstaltsleiter hat es ausdrücklich genehmigt, da fragt der zuständige Wachtmeister, den wir Lieschen nannten: ‚Was würden Sie sagen, wenn ich Sie nicht mitfahren lasse?' Die Gefangene mit schiefer Backe: ‚Dann könnte ich auch nichts machen.' Darauf Gebrüll: ‚Sie gehen in den Karzer.' Eine Wachtmeisterin, die dabeisteht: ‚Aber Genosse, sie hat doch gar nichts gemacht.' ‚Doch, haben Sie nicht gesehen, wie frech sie gegrinst hat?' Die Kameradin ist tatsächlich für eine Zeit, die ich jetzt nicht genau angeben kann, aber nicht nur drei Tage, in den Karzer gegangen. Der kranke Zahn gammelte vor sich hin, es verkapselte sich, bis zwei, drei Jahre später nach der Entlassung allerdings eine schwerwiegende Kieferbehandlung, Kiefersanierung nötig war." (Matz-Donath)

„Also, ich kriegte Salbe darauf, danach ging es los: ich hab mich halb kaputt gekratzt. Das nahm dann Ausmaße an, daß ich praktisch kaum noch schlafen konnte, übernächtigt, überdreht war. Sowie ich unter diese Pferdedecke kam nachts, ging das extrem los. Ich hatte aber dadurch eine Vergünstigung. Weil ich mich pausenlos einschmieren mußte und diese Männerunterhosen, die wir trugen, natürlich total verkleistert waren durch dieses Zeug, durfte ich öfter in die Dusche runter und mich waschen. Zwischendurch kam ich dann auch mal unten in die Ambulanz, die war im Keller. Da kam ich in eine Badewanne mit Kaliumpermanganat. Ja, da ging es dann los mit Herzanfällen in dem Wasser. Da kriegten sie mich dann gerade noch heraus. (Als ich das dann viel später beim Versorgungsamt schilderte, konnten sie sich das nicht erklären. Das wäre wahrscheinlich vom Kopf ausgestrahlt.) Andere Ärzte haben dann festgestellt, daß ich einen wahnsinnigen Vitaminmangel hatte, der diesen Ausschlag auslöste." (Schiffer)

„Ich habe eine pharmazeutische Ausbildung. Ich hatte mein Vorexamen in Potsdam gemacht und hatte also Ahnung von Medikamenten. Man hat mich dann für die Apotheke hier eingesetzt. Und später brauchte die Ambulanz eine Hilfe und dann habe ich viele Jahre dort in der Ambulanz gearbeitet und habe, so glaube ich, viel helfen können. Das bißchen, was wir an Medikamenten hatten, wurde auch gerecht verteilt. Wir hatten sehr viele Tbc-Kranke, wir hatten hier oben im Lazarett eine eigene Tbc-Station. Ich hatte zuerst wenig Ahnung von Laborarbeiten, aber die Arztin, die hat mir das beigebracht. Ich habe also Sputum untersucht und ich habe Magensaftuntersuchungen machen können. Und da wir ja offene Tbc hatten, habe ich also die kleinen Tuberkeln immer schön um mich herum gehabt. Ich kriegte dadurch bessere Verpflegung: ich kriegte Milch und ein Stückchen Butter pro Tag. Und dazu ist vielleicht mal was ganz lustig zu sagen: Wenn die hohen Herren der

Nach der Wende noch im Dienst: verantwortliche Offiziere der Volkspolizei. Anstaltsleiter Oberstleutnant des SV Wolfgang Veit (SED/PDS), links neben ihm sein Stellvertreter Major des SV Harri Grunewald (Foto: Mako)

Ebenfalls noch nach 15 Jahren im Dienst gewesen: die stellvertretende Anstaltsleiterin Hauptmann des SV Petra Dotzauer   (Foto: Mako)

Kommission mit Lametta kamen, hatte ich im Labor unter dem Mikroskop immer die schönen kleinen Tuberkelchen. Und die wurden mit der Zielschen Lösung damals sichtbar gemacht. Alles andere war blau, die weißen Blutkörperchen und die Tuberkeln sind rot gezeigt. Und das ist natürlich immer sehr von Bedeutung gewesen, wenn da so ein Herr von der höheren Kommission kam und fragte, wie es uns denn ging. Ich zeigte ihm das, was wir als kleine Haustierchen hier so immer haben, dann sind sie spontan gegangen.

Wir hatten auch sehr viele Bandwürmer. Ich kann jetzt leider nun nicht mehr sagen, weshalb. Rohes Fleisch oder so etwas haben wir eigentlich nicht bekommen. Aber vielleicht haben wir Gemüse oder was anderes ungeputzt gegessen. Ich kann es nicht sagen. Wir hatten also einen Bandwurmteller, weiß und schwarz gestreift, und dann haben wir Bandwurmkuren machen müssen, und die kamen dann auch fröhlich anmarschiert. Wir hatten eine Extrastation für Syphilis-Kranke. Wir haben Neosalvarsan gespritzt und Wassermann-Untersuchungen machen lassen. Es wurde schon gesagt, daß wir kein eigenes Röntgengerät hatten. Wenn jemand zum Röntgen mußte, kam er entweder nach Stollberg, nach Waldheim oder nach Meusdorf.

Wir haben kleinere Operationen gemacht. Wir kriegten die Männer aus Ölsnitz, aus dem Schacht, die Unfälle kriegten wir hierher. Und immer mitten in der Nacht kamen die an. Wir hatten oft Unfälle, die wir nicht weiterbehandeln konnten. Aber wir hatten auch eine kleine Station hier unten im Krankenhaus, wo die Männer dann blieben, bis sie wieder zurückkamen. Das waren also strafgefangene Kriminelle, die ihre Haftzeit abarbeiten konnten. Und wenn sie Unfälle im Schacht hatten, bekamen sie also erste Hilfe hier in Hoheneck. Wir haben diese Männer zum Teil, wenn sie gehunfähig waren, tragen müssen. Es gab keine Trage in dem Sinne.

Unsere Toten, die wir hier hatten, waren hauptsächlich Tbc-Kranke. Wir hatten auch Herzpatienten, die gestorben sind, Krebskranke. Wir hatten kleinere Operationen; gynäkologische Sachen haben wir machen können." (Grünke)

„Wie Frau Grünke eben sagte, hatten wir auch einige Tote, als ich 1950 in der Ambulanz tätig war. Und die kamen in ein besonderes Zimmer, und wir wollten von ihnen Abschied nehmen. Ich kann mich an einen Fall entsinnen. Wir hatten uns aufgestellt. Die Wachtmeisterin sollte uns die Tür aufschließen. Sie schloß die Tür auf, ging rein, kam nach einiger Zeit raus und sagte: ‚Es ist erledigt, sie brauchen nicht mehr rein.' Dann wurden die in Holzsärge gepackt, die wurden dann runtergefahren, ob nach Chemnitz oder Stollberg, ich weiß es nicht. Nach zwei Tagen – wir taten noch Blümchen rein oder grüne Blätter, was wir eben so fanden – und nach zwei Tagen kamen die Särge zurück, leer natürlich. Aber die Blümchen oder die grünen Blätter, das war alles noch drinnen. Die Toten waren wahrscheinlich so rausgeschüttet worden. Und ich hatte dann die Aufgabe, die Särge zu scheuern, damit die nächsten da wieder reinkonnten." (Matz)

„Ich habe in der U-Haft Halle einen Unfall erlitten. Wir hatten dort Arbeitsschuhe ohne Schnürsenkel. Ich bin an einem Freitagvormittag in einer Hofzelle gestürzt und habe mir dabei die Kniescheibe gebrochen. Stundenlang kam überhaupt niemand, obwohl ich es damals unmittelbar danach schon vor Schmerzen nicht mehr ausgehalten habe. Es dauerte drei Tage, bis ich dann endlich an dem darauffolgenden Montag zum Röntgen gefahren wurde. Einen Tag später hat man mich nach Hohenschönhausen gebracht in das sogenannte Haftkrankenhaus. Ich bin dann dort eine Woche nach dem Unfall operiert worden. Ich wußte damals nicht, von wem. Ich wußte auch nicht wo, weil ich in einem halbnarkotisierten Zustand dort abtransportiert wurde. Ich bin weder vorher untersucht worden, noch hat jemand mit mir besprochen, was dort operiert werden soll, wie der Ablauf sein wird. Und als ich aus der Narkose wach wurde, befand ich mich dort wieder in einer Zelle. Es handelte sich also dort keineswegs um ein Haftkrankenhaus. Es war gelinde gesagt, geschmeichelt, eine Pflegestation. Ich habe dort über 30 Tage in Einzelhaft zugebracht, mußte mich von etwa 20jährigen Männern bedienen lassen. Die ließen nicht nur die Tür offen, wenn ich auf dem Schieber saß, ich mußte mich dort auch waschen bei offener Tür. Ob und welche Bemerkungen da gemacht wurden, daß kann ich nicht sagen. Am vierten Tag wurde mir der Schieber weggenommen, da standen zwei Krücken da. Ich muß dazu sagen, irgendwelche Mittel, um die Schmerzen zu betäuben, bekam ich nicht, außer einer Spritze nach der Operation. Danach nichts mehr. Ich habe dort insgesamt 3 1/2 Monate in diesem sogenannten Haftkrankenhaus zugebracht und habe durch einen Hungerstreik erzwungen, Mitte Dezember 1988, daß ich zurückgebracht wurde nach Halle, weil die Ungewißheit für mich inzwischen unerträglich geworden war, und Einzelhaft im Grunde genommen das Schlimmste gewesen ist, weil man niemanden hat, mit dem man sprechen kann. Mit dem Personal war nicht zu sprechen.

Ich muß dazu sagen, diese Operation (ich bin kein Mediziner, ich kann das also auch nicht beurteilen, den Wert oder die Qualität) wurde so vorgenommen, daß man um die gebrochene Kniescheibe einen Draht gewickelt und zusammengedreht hat, also wie so eine Art Klempnerarbeit, so daß die verdrehten Drahtenden rechts außen unter der Haut deutlich zu spüren und teilweise zu sehen waren.

Da habe ich dann ein paar Tage versucht zu arbeiten, und dann war es nicht mehr möglich, das Bein schwoll derart an, und ich muß vielleicht nicht beschreiben, wie Schmerzen sind oder wie Schmerzen waren. Ich muß sagen, das war eigentlich das Schlimmste an dieser Hohenecker Zeit mit, daß ich in dem Zustand hier ständig in Bewegung war und als voll arbeitstauglich eingestuft wurde und arbeiten mußte."

(Bielke)

14. Postverbindungen

Es gehörte zu den Pressionsmitteln sozialistischer „Erziehung" eines Häftlings, ihn mit Hilfe der Verbindungen zu seinen Angehörigen im Sinne der Regimes oder zur simplen Befolgung irgendwelcher Vorschriften der Anstaltsordnung zu beeinflussen. Einem Häftling gibt die Verbindung zur Familie die meiste Kraft zum Durchhalten, zum Überstehen der Haft. Mit der Verhaftung einer Person durch die sowjetische Besatzungsmacht in den Jahren 1945 bis etwa 1950 wurde diese Verbindung vollständig unterbrochen. Der Inhaftierte hatte keine schriftliche oder persönliche Verbindung zu seiner Familie, die nicht einmal wußte, wohin der Angehörige gebracht worden war. Die gleichzeitige Isolation von der Außenwelt (keine Zeitung, kein Radio, keine Bücher) ergaben die bis heute nicht erforschte mentale Situation, die zusammen mit dem Hunger und der fast völligen Beschäftigungslosigkeit in den Lagern zum Massensterben führte. Die Frauen und Mädchen aus den Speziallagern, die von den Militärtribunalen verurteilt worden waren, durften erstmals 1949 ihren Angehörigen ein Lebenszeichen geben – nichtssagend, unter Verschleierung des Haftortes. (Die „nur" internierten Frauen in denselben Lagern durften bis zu ihrer Entlassung 1948 und 1950 nicht schreiben).

Der Staatssicherheitsdienst und die Volkspolizei der DDR als Strafvollzugsorgan haben dieses Instrument der Isolation des Häftlings ständig genutzt. In der Untersuchungshaft des MfS gehörte es zu den Grundregeln, den Häftling völlig zu isolieren und ihn oft sogar im Unklaren darüber zu lassen, wo er sich überhaupt befindet. Die Verweigerung des Zugangs zu einem Verteidiger bis zu einem gewissen Abschluß des Ermittlungsverfahrens gehörte zu den Verhörtechniken der MfS-Vernehmer, wobei sich der politische Häftling darüber im klaren war, daß der Wert eines solchen, vom MfS ausgesuchten, linientreuen Verteidigers weniger in der Strafverteidigung als in der Verbindung zu den Angehörigen lag.

Auch im Strafvollzug, dem die SMT-Verurteilten und dann die von den DDR-Gerichten Verurteilten unterlagen, wurde die Verbindung zu den Angehörigen — Briefe, Pakete, Besuche — als Disziplinierungsmittel sowohl für den Häftling, als auch für die Angehörigen genutzt. Als z.B. die ersten Angehörigen zum Besuch nach Bautzen kamen, mußten sie durch ein Spalier von Volkspolizisten mit Hunden in das Verwaltungsgebäude gehen, wobei hämische Bemerkungen über die „Angehörigen von Verbrechern" fielen. Bis zuletzt wurde den Besuchern eines politischen Häftlings zu verstehen gegeben, wie das DDR-Regime mit Volksfeinden und Gegnern des Regimes umgeht. Während der gesamten Zeit sozialistischen Strafvollzugs blieben Brief-, Paket- und Besucherverkehr des Häftlings der Willkür der Volkspolizei und des Staatssicherheitsdienstes unterworfen. Die Verweigerung des Monatsbriefes wegen irgendwelcher Lappalien, des Angehörigenbesuchs wegen unzulänglicher Arbeitsleistung, der Mitnahme von kleinen Geschenken (meist Nahrungs- oder Genußmitteln) vom besuchenden Angehörigen in die Zelle, die Herausnahme von Fotos aus Briefen von Angehörigen (die inhaftierten Frauen durften nur ein Foto besitzen; wer z.B. zwei Kinder hatte, mußte sie mit dem Vater zusammen fotografieren lassen...) und die Ausgabe eines Angehörigen-Briefes nur gegen Abgabe des vorherigen — die Kette der Schikanen läßt sich fortsetzen. Der Häftling des sozialistischen Strafvollzugs war weitgehend entmündigt und rechtlos.

„Die ersten Besuche wurden für die zu 25 Jahren Verurteilten, und das waren mehr als die Hälfte unserer Frauen, erst 1954 genehmigt. Nur ein paar wenige ‚25jährige' haben schon Ende 1953 Besuch bekommen. Das war wohl in Vorbereitung auf die Entlassungen vom Januar 1954. Aber prinzipiell, ich habe die Unterlage, ist noch einmal das Verbot bekräftigt worden. Das hieß, daß die Hälfte der Frauen nach sechs bis acht Jahren zum ersten Mal einen Familienangehörigen wiedersehen konnte." (Matz-Donath)

„Später, als wir Briefe bekamen, war die Hälfte der Briefe geschwärzt oder rausgeschnitten. Das sind alles so kleine Stiche gewesen. Und als wir dann Pakete bekamen, da wurde die Wurst zerschnitten, und dann wurde der Kuchen zerschnitten und alles zusammengeschüttet. Und sie hatten eine diebische Freude daran, wenn wir uns darüber beschwerten. Oder das Obst wurde auseinandergeschnitten, was dann über kurz oder lang natürlich faulte." (Matz)

STRAFVOLLZUGSEINRICHTUNG
~~HOHENECK~~
Stollberg

- Der Leiter -

Strafvollzugseinrichtung Hoheneck
915 Stollberg · Straße der Volkspolizei 6/7

Herrn
Johann Bielke

Nr. 13

Möllensdorf

4 5 0 1

Ihre Zeichen	Ihre Nachricht vom	Hausapparat	Unsere Zeichen	Datum
			do-hö	05.04.1989

Betreff:
Werter Herr Bielke!

In Beantwortung Ihrer Anfragen vom 25.03.1989 kann ich Ihnen folgendes mitteilen:
Laut chirurgischem Befund wurde Ihrer geschiedenen Frau die operative Entfernung des noch liegenden Drahtes zur vollen Wiederherstellung der Funktionsfähigkeit des Kniegelenkes angeraten. Sie lehnt zur Zeit diese Operation ab und hat damit über ihren Gesundheitszustand selbst entschieden.

Der Arbeitseinsatz Ihrer geschiedenen Frau erfolgt entsprechend deren Gesundheitszustand.

Strafgefangenen im allgemeinen Vollzug kann jeden dritten Monat ein Paketschein gewährt werden, wenn dazu die erforderlichen Voraussetzungen gegeben sind. Dazu gehören die Arbeitsleistungen, das Gesamtverhalten im Strafvollzug sowie ein angemessener Zeitraum, der eine reale Einschätzung der Persönlichkeit der Strafgefangenen zuläßt.

Ihre Kritik bezüglich der Aushändigung der Strumpfhose an die Strafgefangene Bielke ist berechtigt. Diese Arbeitsweise wurde mit der zuständigen Erzieherin ausgewertet und Festlegungen getroffen, damit dieses sich nicht wiederholt.

Ich hoffe, daß damit Ihre Fragen allseitig beantwortet sind.

Hochachtungsvoll

Veit

Fernsprecher:
24 26

Bankverbindung:
Staatsbank der DDR, Konto-Nr. 6666-12-230080

Bis zuletzt gehörte die Postverbindung mit den Angehörigen zu den Druckmitteln des sozialistischen Strafvollzugs.

„1955 im Sommer wurde plötzlich eine Amnestie verkündet. Da hat Wilhelm Pieck mich, die ich ja 25 Jahre hatte, amnestiert zu 9 Jahren Haft. Das mußte man dann auch den Angehörigen sofort mitteilen. Ich habe noch alle Briefe. Meine Eltern haben alle meine Briefe aufgehoben, und ich habe jetzt, bevor ich wußte, daß ich hierher komme, nachgelesen, was ich damals geschrieben habe über Hoheneck. Wir durften ja nichts Direktes sagen, aber durch die Blume konnte man sehr sehr viel sagen. Und meine Mutter war Gott sei Dank sehr stark. Als wir dann Besuche empfangen durften, die ja nur zwanzig Minuten lang waren und immer eine Wachtmeisterin daneben saß, habe ich ihr so manches erzählen können, weshalb ich hier saß und wie es mir ergangen ist. Für mich war es eigentlich nur wichtig, daß meine Eltern wußten, ich habe nichts getan, ich habe mir nichts zuschulden kommen lassen, auch nicht während der Haftzeit." (Grünke)

Hungerstreik

Willkür und Unsinn kommunistischer Justiz lassen sich aber auch an dem mit Hoheneck verbundenen Hungerstreik des Jahres 1953 belegen: Die inhaftierten Frauen erfuhren durch Zeitungsmeldungen und von Angehörigen, daß sich unter den von der Sowjetunion freigelassenen Kriegsgefangenen auch „Mittäter" befanden, mit denen sie zusammen verurteilt worden waren, und die als Rädelsführer in die Sowjetunion deportiert wurden. Eigentlich hätten die nicht so stark belasteten Frauen ebenfalls entlassen werden müssen. Die Hohenecker Frauen traten deshalb im Oktober 1953 in einen Hungerstreik. Der Staatssicherheitsdienst verhörte, ein VP-Offizier versprach Überprüfung. Nichts geschah, außer daß die vermuteten 49 Rädelsführerinnen verlegt wurden. Im Januar 1954 gab es dann eine Teilamnestie, bei der etwa 680 Frauen frei kamen. 1955 wurden die fast ausschließlich auf 25 Jahre Arbeitslager lautenden SMT-Urteile auf 7, 10 oder 12 Jahre Haft herabgesetzt, wobei auch völlig unklar blieb, nach welchen Kriterien diese neuen Strafhöhen festgelegt wurden. 1956 kamen dann fast alle SMT-verurteilten Frauen frei. (In Haft blieben rund 200 Frauen, die von den DDR-Sondergerichten in Waldheim verurteilt worden waren und die Opfer der politischen DDR-"Rechtsprechung", darunter etliche „Zeuginnen Jehovas".)

In den nächsten Jahren wurden weitere Verurteilte der SMT direkt nach Hoheneck gebracht, bis die politischen Verurteilungen der Militärtribunale nach und nach von der DDR-Justiz übernommen wurden. So kamen 1951 nach Hoheneck 29 Frauen, die von SMT verurteilt worden waren wegen „Spionage" (15), wegen „antisowjetischer Propaganda und Flugblattverteilung" (6) und „Beihilfe zum Landesverrat" (8). Die geringste Strafe lag bei 10 Jahren Haft, die längste bei 25 Jahren.

1952 wurden 25 SMT-Verurteilte eingeliefert, die wegen „Spionage" (9), „antisowjetische Propaganda" (6), „Beihilfe zum Landesverrat" (9) und wegen „Schieberei mit Spirituosen" (1) verurteilt worden waren. Unter den wegen „antisowjetischer Propaganda" Verurteilten befand sich eine Frau, deren Todesurteil auf 15 Jahre Haft reduziert worden war.

1953 wurden fünf Frauen eingeliefert, die zu jeweils 10 Jahren Haft verurteilt worden waren und zwar wegen „Spionage", „Antisowjetischer Propaganda", „Beihilfe zum Landesverrat" und wegen Diebstahls.

Schließlich kamen 1954 nur noch zwei von SMT verurteilte Frauen nach Hoheneck, die wegen „Spionage" zu 3 bzw. 5 Jahren Haft verurteilt worden waren.[15]

„Aus [einem VP-]Bericht über unseren Hungerstreik – darauf bin ich besonders stolz – geht hervor, daß es die Volkspolizei zu ihrem großen Ärger nie geschafft hat, einen zuverlässig arbeitenden Vertrauenskörper aufzubauen, der sie wirklich orientiert hätte über die Vorgänge in unserer Gemeinschaft. Darum hat sie der Hungerstreik auch wie der Blitz getroffen. Und darüber bin ich stolz; denn das beweist ja eben, daß diese Petzen, die man da überall hat, daß die Randerscheinungen waren und der überwiegende Teil unserer Kameradinnen eine ganz andere Haltung hatte." (Matz-Donath)

„Und dann kam der besagte Hungerstreik. Das haben Sie ja alle schon gehört. Ich gehörte auch, genau wie Annerose, zu den Rädelsführern. Wir bekamen hier so einen Punkt. Es gab gelbe, grüne und lila Punkte. Rot . . ich weiß es nicht genau. Ich weiß auch nicht mehr, welchen ich hatte. Wir hatten ganz strengen Einschluß, durften nicht mehr arbeiten, wurden nur ganz hinten rausgeführt eine viertel Stunde pro Tag. Und nach einigen Wochen sind wir nach Brandenburg-Görden verbracht worden. Da waren wir die einzigen Frauen. Wir waren so ungefähr zwanzig, dreißig Frauen unter soundsoviel Männern." (Matz)

„Nach dem Hungerstreik und nach den Entlassungen 1954 wurde es hier in Hoheneck wesentlich strenger. Und für uns, die wir zurückgeblieben waren – es sind damals so an die 600 entlassen worden –, hat es niemand begreifen können, warum gerade wir zurückgeblieben sind. Es war so willkürlich diese Auswahl, wer entlassen wurde und wer nicht". (Grünke)

„Dann wurden Sie vorgeladen, und haben wieder Drohungen bekommen: Sie dürfen Ihren Kinderbrief nicht gefährden — einen im Vierteljahr an Ihr Kind — und einen durften Sie im Vierteljahr empfangen, eine Seite. An den Partner oder an die Eltern durften sie einen Brief im Monat schreiben. Es war also nicht wie heute, daß jeder schreiben kann, was er will und wie oft er will. Uns war ein einziger Brief im Monat gestattet. Und einmal im Vierteljahr durften wir unsere Angehörigen eine halbe Stunde sehen, aber auch nur, wenn wir uns nichts haben zuschulden kommen lassen." (Thiemann)

„Und von oben her gab es dann den entsprechenden Druck. Obwohl man hätte drei Briefe schreiben können, dann wurde eben einer oder zwei nicht abgeschickt, dann wurden die Besuche gestrichen. Die Pakete, die einem Häftling dann zu den Zeiten schon zugestanden hätten, habe ich auch nicht gesehen. Gut, damit kann man leben, aber man fühlt sich so völlig ausgeliefert. Meinem Sohn, der in Cottbus saß, durfte ich nicht schreiben, dem anderen 15jährigen — bei meinem geschiedenen Mann zu Hause — durfte ich auch nicht schreiben. Das war eigentlich für mich das Schlimmste, die Ungewißheit." (Bielke)

15. Kirchliche Betreuung

Die Volkspolizei — und nicht die Justizverwaltung, um das noch einmal zu betonen — hatte 1950 den Strafvollzug in der DDR übernommen und stand in der Frage der Gefangenenseelsorge offensichtlich vor einem Problem. Das in Artikel 46 der ersten DDR-Verfassung festgelegte Recht des Häftlings auf religiöse Betreuung wollte man einerseits nicht schon wenige Monate später abschaffen, andererseits wollte man nicht die Kirchen mit dieser Aufgabe betrauen, weil man wahrscheinlich Differenzen erwartete, wenn die Kirchen von den Zuständen in den Haftanstalten informiert würden. Die Hauptverwaltung Deutsche Volkspolizei (HVDVP) stellte deshalb Mitte 1950 einen hauptamtlichen Geistlichen ein, der die Aufgabe hatte, die religiöse Betreuung in den Haftanstalten zu übernehmen. Diese Funktion übernahm der Pastor Hans-Joachim Mund (SED), der zum Oberrat der Volkspolizei ernannt wurde. Die evangelischen Landeskirchen hatten keinen Einfluß auf diese „Gefängnisseelsorge"[16].

Zwei weitere Pfarrer, die Angehörige der Volkspolizei waren (Heinz Bluhm und Eckart Giebeler), unterstützten ihn. Nachdem Mund 1959 in den Westen geflüchtet war und Bluhm später dienstunfähig erkrankte, gab es keine Nachfolger. Auf der Grundlage der „Dienstordnung für die Tätigkeit von Geistlichen in den Strafvollzugsanstalten vom 3.Juli 1953" (die bis zum Ende der DDR in Kraft war), „betreute" Giebeler (IM „Roland") alleine mit einigen nebenamtlichen Pfarrern alle Strafvollzugseinrichtungen der DDR seelsorgerlich. Für Hoheneck war der spitzelnde Pfarrer Giebeler alleine zuständig.

„Gottesdienstteilnahme war eine besondere Vergünstigung. Aber was besonders pikant ist: Der erste Anstaltspfarrer, ein gewisser Herr Mund, zeichnet in den Akten als Volkspolizei-Kommandeur. Und es gab Differenzen und Streitigkeiten mit der Kirche, die sich dagegen wehrte, einem Volkspolizei-Kommandeur, der auch Theologie studiert hatte, die notwendige zweite Weihe zu geben und die Approbation, Gottesdienste abzuhalten. Der Pfarrer Mund war also Volkspolizei-Kommandeur. Die Kirche hat eine sehr doppeldeutige Rolle gespielt. Teilweise haben sie dafür gekämpft, uns zu helfen, sind immer wieder vom Staat abgewimmelt worden. Bischof Mitzenheim, Dibelius, auch Grüber im positiven Sinne – auf der anderen Seite außerordentlich negativ, nicht besser als man heute über Herrn Stolpe spricht, sei es bewiesen oder nicht. Ich will damit nur das Klima andeuten. Und Hilfe – mir hat zum Beispiel ein Pfarrer gesagt (ich glaube, das war nicht der Mund, sondern der nächste), er hat mir gesagt, im Geschichtsprozeß gibt es immer wieder Hunderttausende, die zugrunde gehen. Und es könnte schon sein, daß wir zu denen gehören, die auf dem Schindanger der Geschichte landen. Ich habe meine 120 Interview-Partnerinnen gefragt: Warst Du beim Pfarrer? Da war eine einzige, die selber Pfarrergespräche gesucht hatte. Sie hatte sie nicht gesucht wegen Seelentrost, sondern sie wollte sich theologisch über bestimmte Bibeltexte und Interpretationen unterhalten, also mehr so vom Kopf her. Aber eine einzige unter den 120, die sagte: ‚Ja, ich war da.' Die anderen sagten: ‚Also nein, war ich nicht, was sollte ich da?' Es war der Gottesdienst, der Gesang miteinander, der uns trug. Die Rolle der Pfarrer: Wir hatten eine kleinere Zahl von wirklich gläubigen Christinnen. Gottesdienste gaben vor allem die Möglichkeit, daß wir Kirchenlieder singen durften, Choräle singen durften, die wir ja alle von der Schulzeit kannten, und einen hervorragenden Chor mit einer Sängerin hatten. Hilfe war uns das eigentlich weniger durch die Predigten und durch den Pfarrer, sondern durch das Zusammensein und miteinander diese Lieder singen, was dann teilweise regelrecht Protestdemonstration wurde. Und es war so, daß gläubige Menschen Halt sein konnten für andere." (Matz-Donath)

16. Kinder in der Haft

In den Lagern der sowjetischen Besatzungsmacht und in den ersten Monaten des DDR-Strafvollzugs gab es auch Kinder als „Häftlinge". Sie gehörten zu Frauen, die schwanger verhaftet oder von Bewachern geschwängert worden waren. Geburt und das Großziehen in den ersten Jahren waren besonders schwierig und für Mutter und Kind lebensgefährlich. Im DDR-Strafvollzug wurden diese Kinder dann den Müttern im April 1950 weggenommen und (bis auf wenige Fälle) nicht etwa Verwandten übergeben, sondern in Heimen großgezogen. Während der Haft gab es keinen Kontakt zwischen Mutter und Kind. Einige Frauen erfuhren später durch die mitleidige Sekretärin der Politkommissarin unter der Hand, daß man die Kinder (das jüngste war 6 Wochen alt) in ein Kinderheim nach Leipzig gebracht habe.

Nach dem Bau der Mauer in Berlin und den sich steigernden Flucht- und Ausreiseversuchen wurde das Problem der Kinder von Inhaftierten flexibel, aber wo möglich immer nach dem Staatsinteresse gelöst, das bis zur Zwangsadoption reichte. Wenn vom „Delikt" nur ein Elternteil betroffen war, blieb das Kind beim anderen, wobei bei geschiedenen Ehen jenem Elternteil, das im Sinne der SED „fortschrittlich" war, das Erziehungsrecht übertragen wurde. Dies führte dazu, daß der/die Inhaftierte oft nicht mehr auf Ausreise „ins kapitalistische Ausland" bestand, um beim Kind bleiben zu können oder bei einer Ausreise (oder einem Freikauf aus der Haft durch die Bundesregierung) das Kind nicht mitnehmen konnte. Wenn beide Elternteile nach der Haft ausreisen konnten, wurden die Kinder in der Regel einige Wochen später freigelassen.

„Ja, und dann kam ich nach Potsdam in die Lindenstraße und wurde verhört und man sagte mir, ich sollte nicht so lange bleiben. Ich würde aus dem Verfahren herausgenommen, weil ich ja schwanger war. Das wäre nicht gut in Potsdam. Aber ich kam dann auch erst im März 1950 nach Bautzen und war ungefähr zehn Tage in Bautzen. Meine Tochter wurde am 1. Juli 1950 [in Hoheneck] unter ganz schlechten Verhältnissen geboren. Ich habe es auch nicht besonders gut gehabt. Ich mußte dann noch medizinisch versorgt werden, genäht werden, was mir auch Nachteile gebracht hat und auch noch heute. Und dann war ein Mütterzimmer eingerichtet worden. Da waren ein paar Kinderbetten mit Strohsack, und da wurden die Kinder dann hingelegt. Ich selber hatte keine Nahrung gehabt. Und meine Tochter war, wie die Ärztin dann auch sagte, am verhungern, wenn sich nicht eine andere Mutter (die leider heute schon tot ist), die da auch einen Sohn geboren hat, sich erbarmt und sie dann ab und zu mal gestillt hätte. Und das, was wir aus der Küche bekamen, waren Haferflocken mit Wasser, so mit den Schalen. Davon hat sie sich gewunden und vor Schmerzen geschrien. Da hab ich dann mal gefragt den Polizei-Küchenchef, ob sie uns nicht einmal die Haferflockensuppe hinstellen würden und ein Sieb, daß wir das durchrühren. Und da hat er mir gesagt: ‚Wir werden Euren Kindern noch Zucker in den Hintern blasen.' Ja, und nach vier Monaten wurde sie mir dann weggenommen mit anderen Kindern. Wohin? Keiner wußte wohin. Und das war natürlich noch eine zusätzliche seelische Belastung ganz besonderer Art. Dann haben wir einmal – ich kann heute nicht mehr sagen, in welchem Jahr – Bilder bekommen. Da stand sie, da konnte sie schon gehen und stand in einem Kinderbett. Und auch selbst auf Bemühen meiner Verwandten, die in Westdeutschland wohnten, und einer Verwandten, die noch in Leipzig wohnte zu der Zeit, wurde sie niemandem ausgeschändigt, damit sie also in unsere Familie kam. Es war nicht möglich. Besuche wurden auch verweigert. Es seien Politische, und da hat niemand Zugang. Was ich im nach-

Irmgard Kröpke und ihre Tochter Dorothea, die 1950 in der Krankenabteilung des Gefängnisses in Hoheneck zur Welt kam.

hinein weiß, daß sie altersmäßig in verschiedenen Kinderheimen gewesen ist. Ganz zuletzt (ich bin 1954 im Januar entlassen worden), sind wir dann mit dem Polizeibus nach Leipzig gefahren worden und haben da verschiedene Kinder, deren Mütter auch entlassen wurden, geholt. . . . Und ich stand dann da mit drei Kleinkindern, als mein Mann starb. Darunter meine Tochter, die zweijährige, die damals zu Hause bleiben mußte, eingeschlossen, weil es über Mittag war, als die Russen mich holten. Damals haben die Nachbarn die Tür aufgebrochen und haben sie zu sich genommen und dann Verwandte in West-Berlin benachrichtigt, die sich zuerst aber auch nicht trauten, sie dann aber nach 14 Tagen geholt haben. Sie war in West-Berlin und eine halbe Stunde später war der Russe da, wollte sie holen und hat ein Mordsspektakel gemacht. Zu meiner zweiten Tochter, die geboren wurde in Hoheneck: nie wurde gesagt, wo die Kinder sind und was mit ihnen je wird oder — auch bei den Verhören — was meine andere Tochter macht. ‚Der geht's gut', wurde mir immer gesagt und ‚morgen sagen wir, wo sie ist'. Das war dann auch noch ein Terror gewesen besonderer Art." (Kröpke)

„Die Kinder kamen (nach meiner Festnahme) für zwei Nächte in ein Kinderheim. Auch da hatte ich ganz großes Glück, meine Eltern durften sie holen. Dann war ich bis zum 23. September 1975 hier in Hoheneck. Ich gehöre eigentlich zu den ersten,

Stadt, also heute Chemnitz, gekommen und von dort aus nach Gießen. Mein Mann kam dann 8 Wochen später und die Kinder ein halbes Jahr später." (Dr. Krämer)
„Ich hatte in der Untersuchungshaft unseren Vernehmer einmal gefragt, ob unser jüngster Sohn, der war 14 Jahre, stand vor der Jugendweihe, ob der uns einmal besuchen dürfte. ‚Ja', sagte der, ‚sicher kann der Sie besuchen, dann anschließend kommt er aber ins Heim'. Ja, dann haben wir es wieder gelassen." (Schmieder)

Das „absolut reine Gewissen"

Die von den in Hoheneck inhaftiert gewesenen Frauen am meisten gefürchtete und gehaßteste „Wachtel" war Margarete Suttinger geb. Müller, die den Spitznamen „Einsfünfzig mit Hut" trug. Als einfache Wachmeisterin empfing sie im SS-Jargon die ersten nach Hoheneck verlegten Frauen, als Oberleutnant der VP (SV) wurde sie Rentnerin.

Wendelgard Trampota, geb. Schacht berichtet in „Hohenecker Protokolle – Aussagen zur Geschichte der politischen Verfolgung der Frauen", Ammann-Verlag, Zürich 1984:

Bei einem dieser Rundgänge ärgerte sich die Hauptwachtmeisterin, die wir immer „Einsfünfzig mit Hut" nannten, über das zum Teil sehr schöne lange Haar vieler Gefangener und veranlaßte deshalb, daß den Häftlingen die Haare geschnitten werden sollten. Aber diese boshafte Anordnung sickerte durch, wurde uns mitgeteilt von anderen Angehörigen des Wachpersonals, die zu uns hielten, und so kamen wir der Aktion zuvor, indem wir uns selber, also gegenseitig, die Haare schnitten.

Gunhild Gerth (1973/75 in Hoheneck) berichtet in demselben Buch:

Ich sah, wie Leutnant Suttinger sie von der Arbeit abholte, und ahnte nicht, daß [mein ebenfalls inhaftierter Mann] Bodo darum bangte, mich sehen zu können, denn die Suttinger erklärte den Stasi-Begleitern meines Mannes, daß ich bei der Arbeit wäre und sie da nicht stören könne. Die Stasi-Beamten, die den langen Weg wohl nicht halb umsonst gemacht haben wollten, warteten – und so wurde ich dann nach der Arbeit geholt und stand plötzlich unvorbereitet vor meinem Mann, der Tisch war dazwischen, und „Geküßt wird nicht!" sagte die Sut-

tinger ... Mein Mann hatte mir Geschenke mitgebracht. Er konnte sich mehr leisten als ich mit meinem lächerlichen Monatslohn von vier Mark bei sechzig bis siebzig Prozent Arbeitssollerfüllung. Die Hälfte des Mitgebrachten mußte er aber wieder mitnehmen. Er war so enttäuscht, kämpfte, aber er kannte die Suttinger schlecht. Sogar die Stasibegleiter staunten, denn schließlich hatten sie die Mitbringsel für mich ja genehmigt. Aber über mich bestimmte sie und setzte sich durch. Nur mit einem wurde sie überrumpelt: mit der Größe meines Mannes, denn am Ende der dreißig Minuten stand er auf, beugte sich über den Tisch, ergriff meinen Kopf und küßte mich. Alles Dazwischenfahren kam zu spät... Aber für die Suttinger zählte nur, daß ich die 100% [Arbeitsnorm] nicht schaffte, und damit begründete sie ihre Repressalien. Sie hat mir in zwei Jahren Hoheneck nicht ein Päckchen bewilligt, und meine alten Verwandten mußten immer die Hälfte von ihren genau errechneten Fünf-Mark-Geschenkchen, die laut Hausordnung erlaubt waren, wieder mitnehmen. Bei Einwänden dagegen sagte sie: „Hier bestimme ich!"
Der nachstehende Bericht ist dem Buch „Karierte Wolken" von Matthias Storck entnommen (Bredow-Verlag Moers, 1993), dessen Frau Tine in den 80er Jahren in Hoheneck einsaß.
Frau Oberleutnant Suttinger
Ein letztes Wagnis: Der verhaßten Bewacherin von damals zu begegnen, Oberleutnant Suttinger, der Frau, deren Seele abhanden gekommen ist. Einmal noch diesen Mund sehen, dieses wütende Zittern, die Haut, die fleckig wurde vor Wut. Einmal diese Frau sehen, vor der die Angehörigen zitterten. Die Machtbesessene. Einmal ohne Furcht, einmal ohne den Blick der Gefangenen.
Sie ist frühzeitig pensioniert. Ihre Adresse muß erfragt werden, sie steht nicht im Telefonbuch. Wir machen uns zu viert auf den Weg, der Journalist Ullrich Schacht, seine Frau Carola, Tine und ich.
Nach langem Suchen in der Betonwüste der Typenbauten endlich das Klingelschild: Oberster Stock Hufelandstraße 50. Ein Paar Männerschuhe stehen vor der Tür. Hier herrscht Sauberkeit und Ordnung. Auf das mehrfache Klingeln öffnet der ehemalige Polizist und Abschnittsbevollmächtigte Suttinger.
Ullrich fragt höflich, ob wir einige Auskünfte bekommen könnten, wird eingelassen. Ich hole inzwischen Frau Suttinger, die Reinigungsdienst hat, aus dem Keller. Ich gehe mit den beiden Frauen beklommen die Treppe herunter, sie warten im Flur. Ich gehe weiter, treffe die pensionierte Erzieherin im Keller beim Reinigen des Linoleums. Sie trägt eine hellblaue, etwas verschmutzte Kittelschürze ohne Ärmel, ein hinten zusammengebundenes Kopftuch. Als sie sich umdreht, sehe ich in ein unbewegliches Gesicht, etwas fahl, Brille, Kassen-

gestell, herabgezogene Mundwinkel. Klein und unscheinbar, auf der Straße würde man sie glatt übersehen. Und doch sagt Tine nachher, daß sie, ohne sie beschreiben zu können, diese Frau unter tausend sofort erkannt hätte. Ich frage Frau Suttinger nach höflichem Gruß, mühsam die Fassung bewahrend, ob sie bereit sei, uns aus ihrer Zeit als „Erzieherin" zu erzählen. Nach einigem Zögern ist sie bereit. Das Gesicht entzerrt sich nicht. Sie spült den Scheuerlappen aus, hängt ihn über einen Eimer und kommt mit hoch.

Im Treppenhaus treffen sich zwei ehemalige „Politische" und ihre Bewacherin. Was kostet das für Beherrschung, seiner Peinigerin in die Augen zu schauen und sich nichts anmerken lassen zu dürfen? Sie soll ja noch reden. Die beiden ehemaligen „Strafgefangenen" leben aus allen Kraftreserven. Man sieht das Herz in der Halsschlagader donnern.

Frau Oberleutnant Suttinger geht vorbei an den beiden. Gesicht um Gesicht. Jeder eine neue Ewigkeit. Unbeschreiblich, was dahinter vorgehen muß. Geübt dreht Frau Suttinger den Schlüssel im Schloß.

Ullrich sitzt inzwischen artig mit einem Paar karierter Hausschuhe im Sessel. Wir stehen im Flur, Frau Suttinger noch in der Tür. Ich sehe ihr Profil unter dem Kopftuch. Welch ein bitteres, verhärmtes Gesicht! Endlich bindet sich Frau Suttinger das Kopftuch ab. Schwarz gefärbte Haare, Dauerwelle. Sie bietet uns Plätze im Wohnzimmer an.

Der Plastikfußboden ist sehr sauber, beißt sich mit der ockerfarbenen Sofagarnitur und den gleichfarbig bezogenen Eßzimmerstühlen. Die Schrankwand glänzt mit Büchern: sechs Bände Lenin, mehrere Bände Ulbricht in braunem Kunstleder, daneben Honecker: „Erinnerungen". Hinter Glas: Flaschen, Kinderbilder, Spielzeug für die Enkel. Neben den Familienbildern eine Puppe in blauer Uniform des Wachpersonals. An der Wand hängt eine auf Holz gezogene Reproduktion: Dresden, „Das blaue Wunder", umgeben von geätzten Wandtellern aus Kupfer: „25 Jahre Volkspolizei", „30 Jahre Volkspolizei", „40 Jahre Volkspolizei", jeweils mit lächelndem uniformiertem Konterfei. Während ich mich umschaue, höre ich sie über die ehemaligen politischen Häftlinge sagen: „Die haben für mich eben gegen bestehende Gesetze verstoßen, und für mich war wichtig, daß sie sich ordentlich verhalten haben, untereinander hilfsbereit, kameradschaftlich waren, daß sie das getan haben, was wir verlangt haben, und das war im Prinzip die Einhaltung der Hausordnung. Also Unmögliches wurde nicht verlangt. Auch nicht erzieherisch. Man kann keinen Menschen, der dreißig oder vierzig oder älter ist, erziehen!"

Ich suche Tines Blick vergeblich. Er ist auf die Tischdecke geheftet. Ich frage, wie sich die ehemalige „Erzieherin" eine Begegnung mit ehemaligen politischen Häftlingen vorstellt. Die Frau, vor der die Neuen sofort gewarnt wurden, die berüchtigt war für gnadenloses Auftreten, die Gefangene für nichts und wieder nichts in den Arrest sperren ließ, schockiert förmlich mit ihrer Antwort: „Wissen Sie, ich hab ein ganz reines Gewissen, ich habe jeden anständig, ordentlich, menschlich behandelt, wie sich das gehört, ich hab' absolut ein reines Gewissen. Ich habe nichts getan, wofür ich mich schämen müßte. Ich hab' ein wirklich ganz reines Gewissen. Ich hab' nie was gemacht. Ich habe, solange ich dort oben war, und ich war sehr lange Erzieher, ich habe nie gegen irgendeine Strafgefangene die Hand erhoben, das gab's bei mir nicht."

Herr Suttinger fällt ihr ins Wort: „Meine Frau, die bringt das nicht mal fertig, 'ne Fliege totzuschlagen, da sagt sie immer: ,Papa, mach du!'. Ich meine, man muß, egal wo man steht, immer bei der Wahrheit bleiben. Lügen haben kurze Beine."

Als wir das Haus verlassen, fehlen uns die Worte. Wir schweigen uns an. Wir brauchen einige Zeit, um uns wiederzufinden. Weil die eigene Sprache manchmal langsamer ist als die Wirklichkeit, borgt sich meine Frau ein Wort von Albert Schweitzer: „Das gute Gewissen ist eine Erfindung des Teufels." Es ist Frühling, die Sonne bekämpft das Grau der Häuser und das Grauen in unseren Seelen. Im Eingang des Hauses Nr. 50 stehen zwei rote Plastikeimer, Frau Suttinger, klein und fern, bringt den Müll in die Mülltonne. Aus dem Fenster im II. Stock weht die schwarzrotgoldene Fahne ohne Emblem und Sachsens Grünweiß. „Die Banalität des Bösen" hat Hannah Arendt das einmal versucht zu umschreiben, was uns in diesen Tagen hier so häufig, so still, so unauffällig, manchmal lächelnd oder sogar mitleidig begegnete. All das geht unter die Haut, die jetzt von innen wehtut. Als wir abfahren, blutet es wieder aus den alten Wunden, die längst verheilt sein sollten, derer niemand sich gern erinnert. Die Fahrt strengt an. Nicht nur der Rücken tut weh, auch der Wind im Rücken. Eine Welt, in die man nicht mehr gehört, verläßt man nicht so leicht.

17. Folgen der Haft

Dieses beklemmende Kapitel hat nur indirekt etwas mit Hoheneck zu tun. Es sind die Folgen der Haft, die Folgen der harten und teilweise geradezu unmenschlichen Behandlung der Frauen und Mädchen. Die Frauen und Mädchen, die noch vor der Gründung der DDR inhaftiert wurden und in der Regel die längsten Haftzeiten absitzen mußten, hatten und haben besonders schwer unter den Folgen der Haft gelitten, die sich nicht nur aus körperlichen Gesundheitsschäden ergaben. Sofern sich die Häftlinge nach ihrer Freilassung in die Bundesrepublik Deutschland absetzten (die Berliner Mauer gab es noch nicht), trafen sie hier auf eine Bevölkerung, die mit dem Aufbau einer demokratischen Gesellschaft und der Ankurbelung der Wirtschaft beschäftigt war. Das „Wirtschaftswunder" erforderte scheinbar nur den Blick nach vorn. Das Desinteresse an dem Schicksal anderer war weit verbreitet — man hatte schließlich selbst „viel durchgemacht". Noch einmal wurde die Öffentlichkeit durch die Heimkehr der letzten Kriegsgefangenen 1955 aus der Sowjetunion mit den Folgen des verlorenen Krieges konfrontiert; die politischen Häftlinge der neuen Diktatur in der „Sowjetzone" verfielen nur der partiellen Beachtung durch Angehörige und Freunde. Zudem hatte die kurzfristige DDR-Propaganda offensichtlich Erfolge, die die inhaftiert gewesenen und noch von der DDR-Volkspolizei in Haft gehaltenen Menschen als Nazi- und Kriegsverbrecher bezeichnet hatte. Die Entlassenen und die noch Einsitzenden hatten zu der Zeit keine Lobby und keine Presse, die sich für sie einsetzten, wie dies die politischen Häftlinge der DDR später erfahren konnten. Neben dem fehlenden Verständnis der Mitmenschen waren es vor allem die Ämter, die erste Hilfe zum Einleben in eine neue Welt nach jahrelanger Haft leisten sollten. Insbesondere die Versorgungsämter, zunächst für die Kriegsopfer geschaffen, ließen es sehr oft an Fingerspitzengefühl fehlen. Obwohl die Bundesregierung den Versorgungsämtern in den 60er Jahren gedruckte Informationen über die Zustände in den Lagern und Haftanstalten zuschickte, gab es immer wieder Schwierigkeiten bei der Anerkennung von Haftschäden. Über groteske Vorgänge können viele ehemalige Häftlinge berichten. Da auch heute noch über die Versorgungsämter geklagt wird und Klagen anhängig sind, ist es ein wichtiges Anliegen der Arbeitsgruppe der Regierungskoalition in der Enquête-Kommission des Deutschen Bundestages zur Aufarbeitung von Folgen und Geschichte der SED-Diktatur auf das z.T. nicht gerechtfertigte, psychologisch ungeschickte Verhalten der Versorgungsämter hinzuweisen und auf Abhilfe zu dringen. Die psychologischen Belastungen und Folgen, wie sie bei den Überlebenden der Konzentrations- und Vernichtungslager der NS-Diktatur wissenschaftlich erforscht wurden, müssen auch für die Opfer der kommunistischen Diktatur erarbeitet werden, um ihren Leiden gerecht zu werden.

„Ich kam hier 1954 nach dem Westen; in Berlin war erst einmal Station, drei Wochen, dann wurde ausgeflogen. Und dann kam mein Bruder. Es ist herb, das zu sagen. Er holte mich in Hamburg am Flughafen ab, der selber Offizier in Rußland in Gefangenschaft gewesen war. Ich hatte ihn 1944 das letzte Mal gesehen, jetzt hatten wir 1954. Ich flog ihm natürlich um den Hals ganz spontan, die Tränen rollten, da schnappte er mich gleich so, und sagte: ‚Quardel (das war so mein Spitzname), fang' nicht an zu heulen, mach kein Theater. Irgendwas hast du ausgefressen, sonst hätte dich der Russe nicht eingebuchtet und schon gar nicht so lange. Und ich will darüber nichts wissen. Bitte sprich dieses Thema nicht an.' Und das können Sie jetzt auch glauben oder nicht glauben, das ist völlig uninteressant für mich: diese Sätze meines Bruders, die haben eigentlich den letzten Rest, den ich noch an seeli-

scher Kraft hatte, zerstört. Ja, ich könnte heute noch flennen. Ich kann es nach wie vor nicht fassen, ich bin auch seltsamerweise nach wie vor nicht darüber weg."
(Schiffer)

„Ich hatte das Glück, durch bestimmte Umstände nach dem Westen gehen zu können. Und was erlebe ich da: ‚Sie müssen doch was gemacht haben, für nichts wird man doch nicht eingesperrt und darauf 25 Jahre!' Mir ist das in Würzburg einmal gesagt worden. Daraufhin war die ganze Würzburger Stadtverwaltung kuriert, nachdem sie von mir aufgeklärt worden war. Fast alle dieser Kameradinnen, die ich gesprochen habe, haben in mehr oder weniger starker Form dieses sogenannte Verfolgtensydrom, das Sie alle kennen dürften, weil es im Zusammenhang mit den im KZ Gequälten sehr oft Gegenstand öffentlicher Diskussionen war und auch immer wieder einmal aufkam. Ich habe nach 12 Jahren Haft 13 Jahre mit westdeutschen Versorgungsämtern prozessiert. Ich frage Sie, wer von Ihnen die Kraft hat, neben dem Aufbau einer Existenz, der Arbeit und einer schweren gesundheitlichen Behinderung noch 13 Jahre mit westdeutschen Ämtern zu kämpfen. Ja, ich prozessiere also und was passiert mir: Das Landessozialgericht bzw. das Landesversorgungsamt in München schreibt an das Zuchthaus Halle in der Regie des Staatssicherheitsdienstes und fragt an, ob denn die Frau Grögler (mein damaliger Name) so behandelt worden ist. Eine ganze Seite Fragen. Ob denn die Frau Grögler so behandelt worden ist, daß sie davon hat krank werden können. Ich hatte Glück. Es war vor dem Grundlagenvertrag und dadurch gab es eine ganz rotzige Antwort; denn mit Westbehörden verkehrte die Zone damals noch nicht. Das war mein Glück, sonst hätte ich am Ende 20 Jahre prozessiert." (Matz-Donath)

„Die Russen haben bei den Vernehmungen ziemlich oft meinen Rücken, vor allem die Nackenpartie mit Handkantenschlägen strapaziert. Als ich das beim Versorgungsamt meldete: ‚Große schlanke Frauen wie Sie müssen statische Probleme haben. Haben Sie denn einen Zeugen dafür, daß der Russe sie geschlagen hat?' Natürlich hatte ich die nicht. Also, wurde das auch gestrichen. Später habe ich noch einmal wegen der Blasengeschichte als Folge des Wasserkarzers versucht beim Versorgungsamt vorzusprechen, weil das Leiden, ich spreche es ungern aus, aber Sie wollen es ja wissen, und man soll es ja auch sagen, in Inkontinenz überging, und was ja nun wirklich eine widerliche Geschichte ist. Dort haben die mir dann auch wieder gesagt: ‚Ja können Sie uns beweisen, daß Sie im Wasserkarzer waren, das Wasser kalt war und daß Sie hinterher nicht duschen konnten und keine trockenen Sachen ...' Ja, ich konnte es ja wieder nicht beweisen ... Die Russen waren so böse und haben mir keinen Zeugen zur Verfügung gestellt. Also lange Rede, kurzer Sinn, das ist alles nicht anerkannt, man simuliert, man spinnt. Was mich so wütend macht, beim Versorgungsamt immer zu hören, ‚Anlagebedingt'. Mein Mann z.B. hat es schriftlich. Die ausgeschlagenen Zähne in Bautzen, die haben sie ihm schriftlich als anlagebedingtes Leiden anerkannt. Das ist heute noch da. Und da ist kein Mensch, der dagegen ankommt. Und was Frau Matz-Donath schon sagte: schön, man hätte sich einen Gutachter nehmen können. Aber er war Student und ich hatte auch nichts. Man hätte es vielleicht per Darlehen machen können. Man hätte aber mit Sicherheit verloren. Man hätte auf dem Darlehen gehangen und hätte trotzdem keine Anerkennung. Also hat man von vornherein aufgegeben. Man wurde so rüde behandelt. Es war alles unglaubwürdig, was man sagte. Es stimmte nichts. ‚Was, Sie hatten Lungen- und Darm-Tb? Können Sie uns beweisen . . .'. Das war der dollste Hammer. Auf Röntgenaufnahmen klar zu sehen. Noch in Berlin-Marienfelde steht es drinnen auf den Untersuchungen, die wir da mitmachen mußten. Was sollte ich denn jetzt sagen? ‚Ja, können Sie uns beweisen, daß Sie in Freiheit weder Lungen- noch Darm-Tb bekommen haben? Können Sie nicht beweisen? Ja, so müssen wir doch unterstellen, daß es anlagebedingt ist.' Auch dafür bin ich nicht anerkannt."

(Schiffer)

„Ich bin dann 1956 nach West-Berlin entlassen worden mit nichts, mit keinem Pfennig Geld, nur das, was man mir an Kleidung mitgegeben hatte: einen Mantel, einen Rock, eine Bluse, ein Paar Schuhe, eine Handtasche. Ich muß aber dazu sagen, ich ging nach West-Berlin, weil ich wußte, daß das möglich ist, und daß das der einzige Weg für mich ist, aus der damaligen DDR ohne große Schwierigkeiten in den Westen zu kommen. Ich bin über das Lager Marienfelde gegangen und habe weiterstudiert. Man hat mir ein Stipendium gegeben vom damaligen Arbeitsamt. Es gab ja noch keine Mauer. Und ich bin dann 35 Jahre lang in West-Berlin gewesen. Das Stipendium bestand aus 90 Mark monatlich. Wenn man heute hört, was so Bafög gezahlt wird, kann man sich das nicht vorstellen." (Grünke)

„Also materiell — oder solche Sache gab es natürlich nicht. Es gab keine Institution dafür. Ich bin nicht zu Behörden gerannt, um da irgendetwas vielleicht rauszuholen. Es war ja indiskutabel in dieser sozialistischen Gegenwart. Aber einen Vorteil hatten wir. Wir waren ja nur eine Hand voll, die im Osten geblieben sind. Aus meinem Fall nur noch eine Kameradin, die inzwischen leider verstorben ist. Die anderen sind alle rüber gegangen. Für mich gab es nur eins. Entweder ich gehe mit meiner Familie rüber, Vater, Mutter, Bruder, Schwester, die siebeneinhalb Jahre alles Menschenmögliche unternommen haben, um mich freizubekommen. Die haben vom lieben Walter Ulbricht, zu Dibelius, zu unseren Regierungsgrößen bis zu Stalin geschrieben, um zu erwirken, daß ich freikomme. Also gab es nur eines. Entweder alle oder keiner. Und das ging dann noch sechs Jahre bis zum 13. August 1961. Da war dann die Mauer, und da hörte dieses hin und her auf. Also wir mußten bleiben. Und als ich nach Hause kam, sah ich erstmal einen ganzen Aktenhefter von diesen Gnadengesuchen, die meine Eltern auf den Weg gebracht hatten." (Abraham)

„Der Großteil meiner Kameradinnen ist sozial abgerutscht, ist unter ihrer Intelligenz, unter ihrer vorher angefangenen Ausbildung abgerutscht und ist heute bei Mindest- und Minderrenten. Und das sind die Dinge, die nicht mehr gut zu machen sind. Ich habe gerade jetzt eben einen Altfall durchgekämpft und habe endlich ein zufriedenstellendes Gutachten. Die Frage ist, ob wir noch jahrelang mit dem Versorgungsamt prozessieren. Das wissen wir noch nicht. Aber wir haben zumindest die Basis. Es gibt Altfälle, es gibt Frauen, die sich psychisch furchtbar quälen, die kein Geld haben, psychische therapeutische Gespräche zu bezahlen. Man behandelt diese Sachen wohl bei den KZlern wie eben alle Haftfolgekrankheiten. Man behandelt sie nicht mit Analyse oder sonst etwas, man behandelt sie mit einer bestimmten therapeutischen Gesprächstechnik, die hilft, damit die Leute sich etwas befreien können. Da kostet eine Stunde 250 Mark, bei einem, der es wirklich kann. Wer soll denn das bezahlen, 1.000 Mark im Monat? Die Versorgungsämter sollten, wenn so ein gequälter Mensch kommt, wenigstens heute noch helfen. Die moderne Psychiatrie sagt, daß selbst 60- oder 70jährige noch Hilfe erfahren können."

(Matz-Donath)

„Den gleichen Ärger mit Versorgungsämtern. Ich hatte mir in Hoheneck einen Nabelbruch zugezogen. Das ist aktenkundig. Aber: ‚Das ist anlagebedingt'. Ich habe beim Arbeitsamt mich arbeitslos melden müssen und geschildert, daß ich seit 1986 arbeitslos bin. Da war der Kommentar des Arbeitsberaters: Unglaubhaft. Beim Vertriebenenamt, wo ich die Eingliederungshilfe beantragt habe, hat der Sachbearbeiter von mir eine Glaubhaftmachung verlangt, daß ich nicht für den Bundesnachrichtendienst spioniert habe (wegen meines Verurteilungs-Paragraphen), denn dann hätte ich ja Geld von der Bundesregierung zu bekommen und würde nicht unter die HHG-Bestimmungen[17] fallen und diese Eingliederungshilfe bekommen. Das ist das, was uns in der Bundesrepublik erwartet hat." (Bielke)

„Als wir dann in den Westen kamen, haben wir, mein Mann und ich, ganz große Schwierigkeiten gehabt, den Flüchtlingsausweis C zu kriegen. Das hat 3 Jahre gedauert. Da hat sich noch Herr Löwenthal eingesetzt. Das ist durch die Medien gegangen, durchs Fernsehen gegangen. Der Verantwortliche beim Regierungspräsidenten in Darmstadt hatte sich dagegen gestellt, der hat es immer abgelehnt. Und zwar hat er gesagt: Ärzte kommen ja nur aus materiellen Gründen. Er hat einfach nicht geglaubt, daß man vielleicht auch andere Gründe hat. Denn, ich meine, aus materiellen Gründen hätten wir weiß Gott nicht gebraucht auszureisen. Mein Mann ist Arzt, ich bin Ärztin, wir hatten beide gute Stellungen. Das hätten wir nun wirklich nicht nötig gehabt. Dafür hätte ich auch niemals dieses Risiko für Geld auf mich genommen. Niemals. Ja, aber nach drei Jahren haben wir dann den C-Ausweis doch noch bekommen." (Dr. Kramer)

Aus dem Gespräch

Rainer Eppelmann MdB

„Wir sind hier, um Sie zu hören. Wir sind hier, um Ihnen den Eindruck zu vermitteln als Abgeordnete des Deutschen Bundestages, als Inhaber von Lehrstühlen, Professoren, Juristen, Historikern, Theologen: wir möchten Sie, Ihr Leben, Ihr Schicksal, Ihre Erfahrungen ganz ernst nehmen."

Hartmut Koschyk MdB

„Herzlichen Dank für die Kraft, die Sie aufgebracht haben, heute wieder an diesen Ort zu kommen und all das, was Sie an Leid hier erlitten haben, auch uns mitzuteilen. Ich glaube, daß auch eine solche Anhörung, wie die heute, durch die Damen und Herren der Medien, aber auch dadurch, daß wir diese Anhörung dokumentieren wollen, mit dazu beitragen kann, daß das, was in so vielen Worten von Ihnen anklang, immer so schmerzhaft vermißt wurde – daß das Verständnis Ihrer Mitmenschen und der Gesellschaft in unserem Land, vielleicht doch noch ein Stück auf Grund Ihres Hierseins heute gefunden werden kann. Deshalb möchte ich Ihnen noch einmal ganz herzlich danken, daß Sie heute zu uns gekommen sind."

Dr. Dorothee Wilms MdB

„Meine Damen, ich muß ganz ehrlich gestehen: es fällt schwer, nach Ihren Berichten zu sprechen. Ich bin fast so alt wie die Damen, die hier gesprochen haben, vielleicht ein, zwei Jahre jünger. Aber die Zeit, von der Sie gesprochen haben, ist ja auch meine Jugend gewesen. Nur hab' ich in der Nähe von Köln gelebt. Und wir hatten halt das Glück, in einer anderen Besatzungszone zu sein. Und deshalb ist mir vielleicht Ihr Schicksal erspart geblieben. Ich glaube, das ist wichtig, auch für die jüngeren Generationen, daß man noch einmal auf die Zufälligkeit des Geschehens, nämlich der Einteilung der Besatzungszonen hinweist. Ich will nicht behaupten, daß in den westlichen Besatzungszonen immer alles nach Recht und Ordnung vorangegangen ist. Nur, ich glaube die Vielzahl, die große Zahl des Unrechts, das hier in der damaligen SBZ geschehen ist, in der Ostzone, übertrifft bei weitem alles das, was in anderen Besatzungszonen gewesen ist. Die zweite Bemerkung, die ich machen möchte, ist, daß wir, die wir aus dieser Generation stammen und die noch etwas Älteren, auch die Verpflichtung haben, noch einmal darüber zu reden, damit nichts vergessen wird, damit Unrecht und Diktatur und totalitärer Staat nicht vergessen werden. Auch ich mache die Erfahrung, von der Sie berichtet haben, daß ja vieles von der jungen Generation gar nicht mehr verstanden wird. Und das ganze Leid, das Sie in der Haft erfahren haben, aber auch in den Jahren danach, ist vielleicht für viele heute überhaupt nicht mehr zu verstehen."

Während des Rundgangs durch die Haftanstalt Hoheneck: Die Zeuginnen Ellen Thiemann und Lucie Schmieder im Gespräch mit Hartmut Koschyk MdB und Prof. Dr. Friedrich-Christian Schroeder (Foto: Günther)

Prof. Dr. Roswitha Wisniewski MdB

„Ich kann mich dem nur anschließen, was Frau Dr. Wilms eben gesagt hat. Man ist wirklich tief erschüttert, weil — ja ich sag' jetzt auch mal — weil wir im Westen eigentlich viel zu wenig von diesen Dingen gewußt haben."

Wolfgang Dehnel MdB

„Ich bin in der Zeit geboren, als Ihr schweres Schicksal hier begann, nicht weit von hier, zwanzig Kilometer von hier in Schwarzenberg. Und ich bin zwischendurch praktisch in den Jahren tausende Male vorbeigefahren hier an diesem Gefängnis. Man hat zwar immer etwas an Schicksal herübertransportiert, aber man konnte ja nie irgendwie erfahren, was hier in den ganzen vergangenen Jahren vor sich gegangen ist. Und ich bin sehr dankbar, daß Sie heute Ihr Schicksal dargelegt haben."

Die Zeugin Annerose Matz-Donath im Gespräch mit Dr. Dorothee Wilms MdB
(Foto: Thiemann)

Brigitte Bielke, Zeugin

„Die Feststellung, man hatte nichts gewußt, kann ich nicht akzeptieren. Man habe nichts gewußt oder man habe zu wenig gewußt. Sie mögen jetzt abwinken. Ich muß Ihnen sagen, selbst ich in der DDR, mir war keine Literatur zugänglich, aber ich wußte einiges. Ich wußte einiges aus dem Fernsehen, aus dem ZDF-Magazin. Ich wußte einiges durch die Kommentare von Herrn Fricke. Und ich wußte einiges aus Gesprächen. Und man kann heute nicht sagen, wir haben nichts gewußt, und darum haben wir bestimmte Entscheidungen so und nicht anders getroffen. Man darf nicht die ehemaligen politischen Gefangenen auf dem Altar der pragmatischen Politik opfern — so, wie sich das eigentlich darstellt mit der Begründung, es ist kein Geld in der Kasse. Die Zeit gibt uns niemand wieder, die Gesundheit bekommen wir nicht wieder. Die vielen Menschen, die nicht so stark sind wie wir, die wir hier sitzen, die total ruiniert sind — von den Toten will ich noch gar nicht einmal sprechen —, die beruflich am Ende sind, die bei den Sozialämtern anstehen, die heute (wenn sie in die DDR entlassen wurden) sich von ihren ehemaligen Peinigern vermitteln lassen sollen — die kriegen nie ein Stelle. Das kann man nicht so einfach wegwischen."

Prof. Dr. Roswitha Wisniewski MdB

„Mir tut es leid, wenn da irgendein Mißverständnis aufgetreten ist; vielleicht habe ich mich nicht ganz klar ausgedrückt. Es geht um folgendes: wir sind, glaube ich, alle hier daran interessiert, daß eine Verbesserung dieser Schadensregelung, der Entschädigungen eintritt. Und wir arbeiten daran. Und ich fragte danach, wie denn in dem Umfeld, das es damals gab (das richtete sich an die Damen, die etwa in den fünfziger Jahren herausgekommen sind) das Wissen bzw. Nichtwissen war. Sie haben ja davon berichtet, daß offenbar in den Versorgungsämtern überhaupt kein Verständnis für Ihre Leiden und Ihre Schäden war. Wir haben praktisch drei Phasen zu unterscheiden: einmal die fünfziger Jahre, in denen drüben in Westdeutschland im allgemeinen diese Dinge bekannt waren, nur offenbar in den Versorgungsämtern weniger. Vielleicht auch sonst in manchen Gruppen. Wir haben dann, ich nenne als Stichwort 1968, einen Umschwung, in dem diese Dinge zurückgedrängt wurden. Jemand sagte, er sei, wenn er davon sprach, als Kalter Krieger gebrandmarkt worden. Das ging uns allen so, die wir versucht haben, überhaupt zu informieren. Und seit Mitte der achtziger Jahre ist es wieder möglich, deutlich auch über diese Dinge zu sprechen. Das ist keine Frage."

Prof. Dr. Alexander Fischer, Sachverständiger

„Zunächst eine Feststellung eines jetzt nun doch schon 60jährigen, der damals in dieser Zeit, in der Sie hier gewesen sind, nur wenige Kilometer davon entfernt zu Hause war, in Thum. Ich will das hier noch einmal deutlich sagen: bis zum Jahre 1955, als ich die DDR nicht freiwillig verlassen habe, ist mir Hoheneck kein Begriff gewesen. Es ist bei uns zu Hause auch über dieses Hoheneck als Gefängnis nicht gesprochen worden. Ich kann also sagen (ich stehe ja nicht in Schuld, aber Sie ahnen vielleicht den Vergleich, den ich damit anziehen will): ich habe davon nichts gewußt. Und ich habe alle Achtung und allen Respekt davor, daß Sie uns hier zur Verfügung stehen, daß Sie hierher gekommen sind. Ich kann es nur ahnen, was es für Sie bedeutet, sich hier hinzusetzen, im Angesicht dieser Mauern und dieser Erfahrungen darüber noch sprechen zu können. Also alle Achtung. Aber ich finde auch, ich kann Ihnen diese Aussage sozusagen nicht ersparen, Sie müssen es tun! Und ich bin fast versucht zu sagen – es ist nicht vorwurfsvoll gemeint – Sie hätten es vielleicht noch früher, noch lauter tun müssen, wenn es auch schwer war und man gerade im westdeutschen Bereich (das muß man auch mal deutlich sagen) vieles nicht hören werden wollte. Diese Aussage ist auch in Richtung der Medien gesagt."

Dirk Hansen MdB

„Meine Frage kommt von jemandem, der aus dem Westen kommt, stammt und geboren ist, über die Jahrzehnte hinweg mit der SBZ und DDR keinerlei familiäre Kontakte hatte, obwohl ich in der Nähe der Grenze lebte. Ich schicke das voraus, um meine Frage vielleicht dadurch verständlicher zu machen. Gibt es für Sie die Möglichkeit, dieses schöne Wort zu bejahen, das da heißt: in der Erinnerung, in der Kraft zur Erinnerung (die Sie ja heute beweisen) liegt auch Erlösung, oder liegt sogar noch mehr, nämlich Versöhnung? Ich frage das als einer, der politisch tätig ist, ob es eigentlich aus Ihrer Sicht und Erfahrung . . . Sinn macht, die Vergangenheit wieder auferstehen zu lassen, das, was wir mit dem falschen Wort so sagen, glauben bewältigen zu können. Ich glaube nicht, daß es möglich ist, zu bewältigen, aber gewissermaßen die Erinnerung eben doch immer wieder, die Kraft zur Erinnerung aufzubringen, sei es in mündlicher Form, sei es in schriftlicher Form. Halten Sie es für möglich, daß auf diesem Wege die Gegenwart oder die Zukunft besser als eben eine solche Vergangenheit bewältigt werden kann?"

Prof. Dr. Friedrich-Christian Schroeder, Sachverständiger
„Ich darf auch meine Erschütterung über diese Anhörung hier zum Ausdruck bringen. Diese Kommission und auch diese Arbeitsgruppe hat schon eine ganze Reihe von Anhörungen veranstaltet. Ich glaube, es war selten eine Anhörung so eindrucksvoll und erschütternd durch die Intensität, die Knappheit der Darstellung mit der Fülle von Eindrücken und Leiden, die darin enthalten waren.

Karl Wilhelm Fricke, Sachverständiger
„Ich möchte mich dem hier schon mehrfach geäußerten Dank anschließen, daß Sie die Kraft aufgebracht haben, hier über diese schwere Zeit, die Sie durchgemacht haben, zu sprechen. Ich weiß, wie schwer das ist, und ich weiß auch, wie notwendig das ist. Deshalb auch meinen Dank dafür. Sie sehen ja, daß selbst unter den Abgeordneten, die hier heute erschienen sind, und unter den Sachverständigen einige sind, die so bestürzt sind auch über die Tatsache, daß das Wissen um das Geschehen in Hoheneck so völlig aus dem öffentlichen Bewußtsein verdrängt ist. Ich möchte fragen, woran es Ihrer Meinung nach liegt, daß dieser Verdrängungsprozeß, dieses Nichtwissen so eklatant ist; denn es hat ja genügend Enthüllungen gegeben. Es gab das Buch von Eva Müthel ‚Für Dich blüht kein Baum'. Es gab diese Gedichtsanthologie von Wolfgang Natonek ‚Ihr aber steht im Licht' mit sehr vielen Gedichten gerade auch von Frauen, die in Hoheneck gefangen waren. Es gibt das Buch von Ullrich Schacht ‚Hohenecker Protokolle'. 1959 erschien Gerhard Finn mit seinem Buch über die politischen Häftlinge, wo auch über Hoheneck informiert worden ist. In meinem eigenen Buch habe ich ausführlich über Hoheneck berichtet. Woran liegt es, daß es nicht zur Kenntnis genommen worden ist, Ihrer Meinung nach?"

Prof. Dr. Manfred Wilke, Sachverständiger
„Wieso sind wir Deutschen — ich sage es jetzt ganz bewußt hart — so würdelos, daß wir nicht wissen wollen, welche Opfer die Sowjetisierung von Brandenburg bis Sachsen eigentlich gekostet hat? Denn das sitzt vor uns in Ihren Leidensgeschichten, dieser Terror, mit dem das durchgesetzt wurde. . . . Als ich 1967/68 in Hamburg an die Hochschule für Wirtschaft und Politik ging, demonstrierten wir für die Anerkennung der Deutschen Demokratischen Republik und haben uns etwas darauf einge-

Die Zeuginnen der Anhörung mit Abgeordneten bei der Besichtigung in Hoheneck (Foto: Günther)

bildet, daß wir solche Realisten sind. Und ich habe, nachdem der Grundlagenvertrag da war und ich mit den Tschechen usw. meine bescheidene Solidarität mit der Opposition entwickelte, habe ich auch wieder angefangen ‚Zone' zu sagen – gegen das Bewußtsein, das sich in meiner Generation ausbreitete wie ein Ölfleck : die Zweistaatlichkeit ist ewig und ihr seid reaktionäre Träumer. Soviel zu der Frage: warum will/wollte diese westdeutsche Gesellschaft es zunehmend weniger wissen, was hier passierte."

Martin-Michael Passauer, Sachverständiger

„Ich will nur sagen, daß ich hier in der Kommission auf der einen Seite als Pfarrer sitze – als aktiver Pfarrer, also einer, der auch eine Gemeinde hat –, auf der anderen Seite als jemand, der politische Zusammenhänge und Strukturen klarer benennen möchte, die zu einem schuldhaften Versagen von Menschen führen. Deshalb meine erste Frage nach der erlebten oder nicht erlebten Rolle der Kirche vorher und auch hinterher; also wenn Sie dann herausgekommen sind und sich möglicherweise an einen Pfarrer gewandt haben oder Pfarrerin und gesagt haben, sie sind vielleicht die einzigen, die in der Lage sind, zuzuhören. – Das zweite ist eigentlich mehr ein lautes

Denken. Ich bin in Brandenburg an der Havel groß geworden. Mein Vater ist Pfarrer gewesen in Ostpreußen, hat den Krieg miterlebt und hat lange im Gefängnis gesessen als Mitglied der Bekennenden Kirche. Das Thema zu Hause war immer die Zeit des Nationalsozialismus. Er kam mit einem klaren Feindbild. Auch der Russe war ein klares Feindbild in unserer Familie. Aber die Fragen, ‚Was wird?‘, ‚Was passiert zur Zeit in Brandenburg?‘ waren nicht die Fragen, die wir diskutiert haben. Er war so besetzt von seiner eigenen Vergangenheit und von dem, was er da erlebt hat, daß er offensichtlich für die neuen Fragen oder für das neuerliche Unrecht keine Kraft hatte. Er war nicht in der Lage, sich darüber noch einmal neu Gedanken zu machen. Deshalb — wenn Sie die Frage als zu intim verstehen, bitte ich um Entschuldigung und trete von der Frage zurück —: Erleben Sie das bei sich selber jetzt auch so, daß Sie von dem, was Sie erlebt haben, so betroffen sind, daß sie für möglicherweise anderes Unrecht, das heute passiert, woanders passiert, wenig Kraft haben, darüber nachzudenken? Daß Sie sagen, unsere eigene Vergangenheit nimmt uns so gefangen, daß wir für andere Dinge nicht sensibel genug sind? Oder würden Sie genau umgekehrt sagen, daß gerade unsere eigenen persönlichen Erlebnisse in der Haft uns so sensibel gemacht haben für alle Fragen von Menschenrechtsverletzungen — ob in Jugoslawien oder auch heute in Europa anderswo, daß wir eigentlich eine engagierte Gruppe von Menschen sind, die für die Aufklärung von Verletzungen von Menschenrechten auftreten?"

Hartmut Koschyk MdB

„Ich habe noch eine kleine Frage an Frau Abraham. Ihre Kameradinnen haben uns eindrucksvoll auch über das Unverständnis und die Haltung der westdeutschen Bürokratie berichtet. Sie selbst haben sich auf zwei Sätze beschränkt: daß Sie in der ehemaligen DDR niemanden erzählen konnten, wie Sie sich gefühlt haben, auch keinen Anspruch hatten für die Schäden materieller Art an Leib und Leben. Wenn Sie dazu vielleicht noch ein, zwei Sätze sagen, weil Sie das so ganz kurz nur erwähnt haben. Das würde uns auch interessieren, wie jemand, der danach in der DDR gelebt hat, sich mit seinem Schicksal mitteilen konnte."

Anneliese Abraham, Zeugin

„Was bei meinen Kameradinnen im Westen so vermißt wurde, das war wohl der Vorteil, den wir im Osten hatten. Man wußte, wie schnell man abgeholt werden konnte. Das Wort ‚abgeholt‘ war nach 1945 ein geflügelter Begriff. Man wußte, wie schnell das ging. Man wußte auch nicht, wo die Menschen abblieben, was sie getan hatten. Dafür hatten unsere Bürger — nicht die Regierung — eben doch Sinn und ein offenes Ohr. Aber genauso bekam ich dann Glückwünsche und Blumengebinde, als ich nach Hause kam. Das war ein Vorteil, den ich hatte. Bei uns war das echte Freude für Bekannte und Freunde, als die Familie wieder beisammen war. Und das haben sie geäußert. Und da hat auch keiner irgendwie denen auf die Finger gehauen oder so. Das war ja im privaten Bereich. Das war der Vorteil der Ostdeutschen."

Prof. Dr. Friedrich-Christian Schroeder, Sachverständiger
„Ich bin der einzige Jurist hier und habe mit besonderem Erstaunen festgestellt, daß noch keinerlei Strafverfolgungen gegen das damalige Wachpersonal eingeleitet worden sind. Ihre Vermutung, daß nur Geschädigte Strafanzeige stellen könnten, trifft nicht zu. Also Sie bräuchten eigentlich nur eine Ablichtung der entsprechenden Seiten Ihres Buches mit den Namen an die Staatsanwaltschaft zu schicken. Die Staatsanwaltschaft ist dann verpflichtet, das von Amts wegen zu verfolgen. Mir erscheint das vor allen Dingen auch deswegen wichtig, weil auch versucht werden muß, die dort verursachten Schäden, soweit das noch möglich ist, natürlich primär von den Schadensverursachern ersetzt zu bekommen. Das gilt vor allen Dingen für Ihre Ärztin, die Ihre Gesundheit schwer geschädigt hat. Ich hatte schon darauf hingewiesen: die Bundesrepublik ist für diese Schäden, die Ihnen verursacht worden sind, ja nicht als Schadensverursacher verantwortlich, sondern nur im Rahmen der Erstattung von Kriegsfolgeschäden. Aber viel wichtiger wäre es natürlich, wenn man die Leute, die diese Schäden verursacht haben, noch zur Verantwortung ziehen könnte. Meistens wird gesagt, man habe die Namen nicht. Hier scheint es mir aber doch durch die lange Haftzeit und durch gewisse Beziehungwen zwischen dem Personal und den Häftlingen möglich zu sein, einige Namen zu ermitteln, damit wir endlich einmal diese Front des Schweigens durchbrechen können. Mir würde das sehr wichtig erscheinen."

Brigitte Bielke, Zeugin
„Die Frage nach den Anzeigen kann ich beantworten. Die erste Anzeige ist vom 6. November 1989 an die damalige Generalstaatsanwaltschaft der DDR. In der Folgezeit habe ich, denke ich mal, alle angezeigt, die – von den Juristen bis hierher zu dieser Ärztin – mit uns befaßt waren. Und ich habe schon etliche Vernehmungen dazu gehabt. Bei dieser Ärztin, Frau Gerlach, lautet der Strafvorwurf (das ging aus der Vorladung hervor): Gefangenenmißhandlung, unterlassene Hilfeleistung und Körperverletzung."

Dirk Hansen MdB
„Und der Stand der Dinge?"

Brigitte Bielke, Zeugin
„Nichts weiter. Ermittlungen."

Ellen Thiemann, Zeugin
„Bei mir laufen auch Ermittlungen. Ich hatte jetzt aus Berlin von einem Ermittler aus Bayern Nachricht bekommen: er hatte in Neubrandenburg meinen Stasi-Ver-

nehmer vernommen, der sich an mich überhaupt nicht mehr erinnern kann, angeblich auch nicht das Buch kennt, obwohl das bei der Stasi mit Sicherheit Pflichtlektüre war. Und die Staatsanwältin, die — wie nachweislich aus der Gauck-Behörde zu erfahren ist — eine Korrespondenz mit der Staatssicherheit darüber hatte im vorhinein, wieviel Strafe man mir geben soll, die habe ich angezeigt. Das will die Staatsanwaltschaft in Berlin selbst machen. Und gegen diesen Stasi-Arzt, gegen den Frau Bielke auch Anzeige erstattet hat, habe ich wegen Folter Anzeige erstattet. Diese Ermittlungen laufen. Ich habe auch gegen die zwei Anstaltsleiter Anzeige erstattet und dann noch gegen drei IM, über die noch immer keine Klarheit herrscht, wer die sind. Ich habe 15 IM im ersten Ordner. Und die Gauck-Behörde hat bis heute nur einen einzigen enttarnt und der ist tot (das war der Nachbar meiner Eltern). Deshalb habe ich jetzt gegen die Decknamen Anzeige erstattet, weil da die Staatsanwaltschaft in Aktion treten muß. Offiziell ist das nicht bekannt."

Prof. Dr. Alexander Fischer, Sachverständiger

„Ich würde gern noch einmal einen Schlüsselsatz festhalten wollen, den uns Frau Dr.Kramer überliefert hat. Sie sprachen davon, daß Sie bei Ihrem Arbeitskommando empfangen worden sind mit der Formulierung oder mit dem Satz: ‚Zehn Mörderinnen sind mir lieber als eine von Ihnen'. Ich möchte das deswegen noch einmal herausstellen, weil ich denke, daß das eine Schlüsselformulierung ist, die darauf hinweist, in welche Richtung dieser Staat DDR und die ihn beherrschende Partei erzogen haben. Das wird vielleicht im dritten Jahr nach der politischen Wende allzu rasch vergessen! Wir haben heute über Stunden schon hinweg eine Reihe von außerordentlich eindrucksvollen Berichten gehört. Wo wird das, was Sie hier erlitten haben, eigentlich dokumentiert? Ganz konkret: gibt es eigentlich eine — wie man gemeinhin sagt — politische Gedenkstätte für das Frauenzuchthaus Hoheneck?"

Annerose Matz-Donath, Zeugin

„Es gibt vor den Toren einen Gedenkstein. Da steht drauf ‚Für die Opfer des Stalinismus', was ich nicht so gut finde, aber immerhin. Wir haben es organisiert, wir SMT-Frauen. Steht also da, wenn Sie aus der Anstalt herauskommen."

Prof.Dr.Alexander Fischer, Sachverständiger

„Auf Grund Ihrer Initiative?"

Annerose Matz-Donath, Zeugin

„Ja, richtig. Wir haben das Geld zusammengebracht. Wir haben Sponsoren gefunden und selber noch eine ganze Menge dazugespendet, damit das möglich wurde."

Dirk Hansen MdB

„Lokale Hilfe seitens der Gemeinde Stollberg?"

Annerose Matz-Donath, Zeugin
„Ja, ja, auch ja!"

Prof.Dr.Alexander Fischer, Sachverständiger
„Der Freistaat Sachsen, ist mir bekannt aus meiner Dresdener Tätigkeit, wird eine Stiftung für politische Gedenkstätten einrichten. Ich denke, ich werde Gelegenheit haben, das Problem dort anzusprechen."

Dirk Hansen MdB
„Meine Damen und Herren. Eine Zusammenfassung ist gar nicht möglich. Herr Fischer hat schon zurecht gesagt: eindrucksvoll! Und das ist ein Wort, das es überhaupt nicht fassen kann. Ich möchte einfach nur sagen: ganz herzlichen, wirklich tief empfundenen Dank für Ihre Bereitschaft und Ihre Kraft, auch den ganzen Tag hier auszustehen, obwohl das alles gar kein Vergleich ist mit dem, was Sie zu schildern hatten. Vielleicht ist aber auch trotzdem ein solcher Tag und eine solche Gelegenheit ein Teil auch der eigenen Bewältigung – immer noch in Anführungsstrichen gesagt. Jedenfalls danken wir Ihnen ganz herzlich, daß Sie sich bereit erklärt haben, hierher zu kommen und mit uns zu sprechen."

Bibliographie

Agde, Günter „Sachsenhausen bei Berlin – Speziallager Nr. 7 1945–1959", Berlin 1994

Ahrens, Wilfried „Hilferufe von drüben – Die DDR vertreibt ihre Kinder", Huglfing 1978

Ammer, Thomas „Universität zwischen Demokratie und Diktatur – Ein Beitrag zur Nachkriegsgeschichte der Universität Rostock", Köln 1969

Amnesty International (Hg) „Politische Gefangene in der DDR", Jahresberichte, London/Köln

Bautzen-Komitee (Hg) „Das gelbe Elend – Bautzenhäftlinge berichten 1945–1956", Bocholt 1992

Bechler, Margret/Stalmann, Mine „Warten auf Antwort – Ein deutsches Schicksal", Berlin 1984

Andreas Beckmann/Regina Kusch „Gott in Bautzen, Gefangenenseelsorge in der DDR", Berlin 1994

Bedau, Georg „Menschen im Regal – Szenischer Bericht", Worms 1961

Binski, Sigurd (Hg) „Zwischen Waldheim und Workuta, Erlebnisse politischer Häftlinge 1945–1965", Bonn 1967

Birkenfeld, Günther „Der NKWD-Staat" Der Monat, Berlin 1950

Bordihn, Peter „Bittere Jahre am Polarkreis. Als Sozialdemokrat in Stalins Lagern", Berlin 1990

Broszat, Martin/Weber, Hermann (Hg) „SBZ-Handbuch — Staatliche Verwaltungen, Parteien, gesellschaftliche Organisationen und ihre Führungskräfte in der Sowjetischen Besatzungszone Deutschlands 1945—1949", München 1990

Brückner, Helmut „Gedichte — geschrieben in den Lagern Waldheim und Bautzen", Berlin 1954

Brundert, Willi „Es begann im Theater . . . Volksjustiz hinter dem Eisernen Vorhang", Berlin/Hannover 1958

Dust-Wiese, Alexandra „. . . und schreie in den Wind. . . Gedichte aus Hoheneck", Böblingen 1987

Eichler, Wolfgang „Ein Wort ging um in Buchenwald", Gütersloh 1957

Eisert, Wolfgang „Die Waldheimer Prozesse — Der stalinistische Terror 1950 — Ein dunkles Kapitel der DDR-Justiz", München 1993

Ernst-Moritz-Arndt-Universität (Hg) „In memoriam Ernst Lohmeyer", Greifswalder Universitätsreden, Neue Folge Nr. 59, 1991

Finn, Gerhard „Die politischen Häftlinge der Sowjetzone 1945—1959", Pfaffenhofen 1960/Reprint Köln 1989

Finn, Gerhard „Buchenwald 1936—1950 — Die Geschichte eines Lagers", Bonn 1985/Bad Münstereifel 1988

Finn, Gerhard „Sachsenhausen 1936—1950 — Die Geschichte eines Lagers", Bonn/Bad Münstereifel 1988

Fischer, Ursula „Zum Schweigen verurteilt — Denunziert, Verhaftet, interniert (1945—1948)", Berlin 1992

Flade, Hermann „Deutsche gegen Deutsche — Erlebnisbericht aus dem sowjetzonalen Zuchthaus", Freiburg 1963

Flocken, Jan von/Klonovsky, Michael „Stalins Lager in Deutschland 1945—1950 - Dokumentation, Zeugenberichte", Berlin 1991

Fricke, Karl Wilhelm „Zur Menschen- und Grundrechtssituation Politischer Gefangener in der DDR", Köln 1986

Fricke, Karl Wilhelm „Politik und Justiz — Zur Geschichte der politischen Verfolgung 1945—1968", Köln 1979

Friedrich-Ebert-Stiftung „Gerechtigkeit den Opfern der kommunistischen Diktatur", Reihe Bautzen-Forum, Nr. 2, Leipzig 1991

Grabe, Kurt „Vier Stationen in Rot", Hannover 1985

Greve, Uwe „Lager des Grauens — Sowjetische KZs in der DDR nach 1945", Kiel 1990

Griese, Friedrich „Der Wind weht nicht, wohin er will. Erlebnisbericht eines Internierten aus Lagern der SBZ", Düsseldorf 1960
Haase, Norbert/Oleschinski, Brigitte (Hg) „Das Torgau-Tabu — Wehrmachtsstrafsystem, NKWD-Speziallager, DDR-Strafvollzug", Leipzig 1993
Hornstein, Erika „Staatsfeinde — Sieben Prozesse in der ‚DDR'", Köln/Berlin 1963
Hrdlicka, Manuela R. „Alltag im KZ — Das Lager Sachsenhausen bei Berlin", Opladen 1992
Just, Hermann „Die sowjetischen Konzentrationslager auf deutschem Boden 1945—1950", Berlin 1952
Kaminski, Andrzej J. „Konzentrationslager 1896 bis heute", Stuttgart 1982
Kampfgruppe gegen Unmenschlichkeit „Hefte der Kampfgruppe", Nr.3, November 1952
Kempowski, Walter „Ein Kapitel für sich", München/Wien 1975
Kilian, Achim „Einzuweisen zur völligen Isolierung — NKWD-Speziallager Mühlberg/Elbe 1945—1948", Leipzig 1992
Klein, Manfred „Jugend zwischen den Diktaturen 1945/56", Mainz 1968
Klotz, Ernst-E. „So nah der Heimat — gefangen in Buchenwald", Bonn 1992
Knechtel, Rüdiger/Fiedler Jürgen (Hg) „Stalins DDR — Berichte politisch Verfolgter", Leipzig 1991
Köpke, Horst/Wiese, Friedrich-Franz „Mein Vaterland ist die Freiheit — Das Schicksal des Studenten Arno Esch", Rostock 1990
Krüger, Dieter (Hg) „Fünfeichen 1945—1948, Briefe Betroffener und Hinterbliebener", Neubrandenburg 1990
Krüger, Dieter/Kühlbach, Egon „Schicksal Fünfeichen", Neubrandenburg 1991
Krüger, Dieter/Finn, Gerhard „Mecklenburg-Vorpommern 1945 bis 1948 und das Lager Fünfeichen", Berlin 1991
Kühlbach, Egon „Schicksal Fünfeichen", Teil II, Gefangene im NKWD/MWD-Lager Fünfeichen 1945 bis 1948", Neubrandenburg 1993
Kühle, Barbara/Titz, Wolfgang „Speziallager Nr. 7 Sachsenhausen 1945—1950", Berlin 1990
Kühn, Rainer „Konzentrationslager Sachsenhausen", Berlin 1989
Jörg Lolland/Frank S. Rödiger (Hg) „Gesicht zur Wand — Berichte und Protokolle politischer Häftlinge in der DDR", Stuttgart 1977
Müller, Hanno (Hg) „Recht oder Rache — Buchenwald 1945—1950", Frankfurt/M 1991
Noble, John „Verhaftet . . verbannt . . verleugnet . .", Muncy, Pa. USA, o. J. (nach 1990)
Österreich, Tina „Ich war RF", Stuttgart 1977
Pförtner, Kurt/Natonek, Wolfgang „Ihr aber steht im Licht — Eine Dokumentation aus sowjetischem und sowjetzonalem Gewahrsam", Tübingen 1962

Preisinger, Adrian (Hg) „Todesfabriken der Kommunisten", Berg am See 1991
Prieß, Benno „Unschuldig in den Todeslagern des NKWD 1946—1954", Calw 1991 (Eigenverlag)
Range, Hans-Peter „Das Konzentrationslager Fünfeichen 1945—1948", Ratzeburg 1989
Richter, Michael „Die Ost-CDU 1948—1952 — Zwischen Widerstand und Gleichschaltung", Düsseldorf 1990
Rieke, Dieter (Hg) „Sozialdemokraten im Kampf gegen die rote Diktatur unter Stalin und Ulbricht", Arbeitspapier der Friedrich-Ebert-Stiftung, Bonn 1990
Ritscher, Bodo „Spezlager Nr.2 Buchenwald", Weimar-Buchenwald 1992
Roeder, Bernhard „Der Katorgan — Traktat über moderne Sklaverei", Köln/Berlin 1956
Schacht, Ulrich (Hg) „Hohenecker Protokolle — Aussagen zur Geschichte der politischen Verfolgung von Frauen in der DDR", Zürich 1984
Scholmer, Joseph „Die Toten kehren zurück — Bericht eines Arztes aus Workuta", Berlin 1954
Scholz, Günther (Hg) „Verfolgt — verhaftet — verurteilt. Demokraten im Widerstand gegen die rote Diktatur", Berlin/Bonn 1990
Seidel, Thomas A. „Das Elend mit der Vergangenheit — Buchenwald 1937—1950", Weimar 1990
Sonnet, André „Bolschewismus nackt — Ein Kommunist erlebt sowjetisches KZ", Offenbach 1951
Storck, Matthias „Karierte Wolken", Moers 1993
Taege, Herbert (Hg) „Die Gefesselten — Deutsche Frauen in sowjetischen Konzentrationslagern", Lindhorst 1987
Thiemann, Ellen „Stell' dich mit den Schergen gut", München 1984
Untersuchungsausschuß freiheitlicher Juristen/Bund der Verfolgten des Nazi-Regimes/Kampfgruppe gegen Unmenschlichkeit „Wir dürfen nicht schweigen — Streiflichter aus den politischen Haftanstalten der Sowjetzone", Düsseldorf/Berlin o. J. (1952)
Verband Deutscher Studentenschaften (Hg) „Dokumentation des Terrors" Namen und Schicksale der seit 1945 in der sowjetisch besetzten Zone Deutschlands verhafteten und verschleppten Professoren und Studenten, Berlin 1962
Voelkner, Hans und Rosemarie (Hg) „Unschuldig in Stalins Hand — Briefe, Berichte, Notizen", Berlin 1990
Volker, Hagen „Sibirien liegt in Deutschland", Berlin 1958
Vorstand der SPD „Die einen sind im Dunkeln... — Jugend hinter Stacheldraht", Sopade-Informationsdienst, Hannover o.J. (1950)
Zentralfriedhof Halbe (Hg) „Halbe mahnt — Denkschrift für Frieden, Freiheit und Völkerverständigung", Berlin 1990

Anmerkungen

[1] GULag — russische Abkürzung für Hauptverwaltung Lager beim NKWD/MGB der UdSSR, Sammelbezeichnung für das gesamte sowjetische Lagersystem (s. Solschenizyns „Archipel Gulag")

[2] In der sowjetischen Besatzungszone wurden die SMT-Verurteilten in den Speziallagern Sachsenhausen und Bautzen konzentriert, sofern sie nicht in die Sowjetunion deportiert oder hingerichtet wurden. Nach offiziellen sowjetischen Angaben wurden 12.770 Personen in die Straflager der Sowjetunion deportiert (SMT-Verurteilte) und 6.680 in Kriegsgefangenenlager (Internierte). 756 Personen wurden hingerichtet. Da der DDR 1950 10.513 SMT-Verurteilte übergeben und zuvor 5.504 SMTer freigelassen wurden, kann man die Zahl der zwischen Mai 1945 und Dezember 1949 durch sowjetische Militärtribunale Verurteilten mit mindestens 30.000 angeben.

[3] Bernhard Bechler *1911, geriet als Berufsoffizier der deutschen Wehrmacht 1943 in sowjetische Kriegsgefangenschaft und wurde Aktivist des „Bundes deutscher Offiziere" und des „Nationalkomitees Freies Deutschland". Seine Frau Margarete wurde, weil sie sich nicht scheiden lassen wollte, von den Nazis schikaniert, bei Kriegsende kurzfristig von den Amerikanern und dann von den Sowjets endgültig festgenommen. Sie durchlief mehrere Speziallager und wurde 1950 der DDR übergeben, die sie im selben Jahr in den berüchtigten Waldheimer Prozessen zu lebenslanger Haft verurteilten, weil sie während des Krieges angeblich zur Verhaftung von zwei Kommunisten beigetragen habe. Sie wurde 1956 freigelassen. In der Zwischenzeit hatte Bernhard B. seine Frau 1946 wider besseren Wissens für tot erklären lassen und eine Kommunistin geheiratet. Er war von 1946 — 1949 Innenminister Brandenburgs, dann VP-Chefinspekteur, Generalmajor und Stabschef der „Kasernierten Volkspolizei" bzw. der Volksarmee. Nach dem Zusammenbruch der DDR versuchte der inzwischen verwitwete Bechler wieder Kontakt zu seiner früheren Frau aufzunehmen, die als pensionierte Lehrerin in Schleswig-Holstein lebt. (s. Margarete Bechler/Mine Stalmann „Warten auf Antwort — ein deutsches Schicksal", München 1978)

[4] Die mit dem sowjetischen Begriff „Speziallager" bezeichneten Massenunterkünfte für politische Häftlinge waren keine Konzentrationslager und keine Vernichtungslager, wie wir sie von der NS-Diktatur kennen. Sie waren keine Zwangsarbeitslager im sowjetischen Sinne, aber auch keine Internierungslager, wie sie von den Alliierten der Anti-Hitler-Koalition geplant waren. Während man das Hauptziel der Konzentrationslager mit „Vernichtung durch Arbeit" bezeichnen kann, war der „Erfolg" der Speziallager die „lautlose Ausmerzung" durch völlige Isolierung des Häftlings (keinerlei Verbindung zu Angehörigen, keine Informationen von „draußen" — etwa durch Zeitungen oder Rundfunk) mit völliger Arbeits- und Beschäftigungslosigkeit bei gleichzeitiger Einsperrung auf engstem Raum und geringster Verpflegung.

[5] In den Zellen der veralteten Haftanstalten der DDR gab es — teilweise bis in die 80er Jahre — keine Toiletten. Die Häftlinge hatten für die Notdurft in der Zelle einen Blechkübel ohne „Brille". Der doppelte Rand wurde mit Wasser gefüllt und bot bei aufliegendem Deckel einen geringen Geruchsverschluß. Die Kübel wurden in ein größeres Becken einer Etagentoilette entleert. Dieses „Kübeln" bot der Wachmannschaft jede Gelegenheit zur Schikane, indem sie seltener kübeln ließ oder die Häftlinge zu unangemessener Eile trieb, damit sie ggf. den Inhalt verschütteten und unter schikanösen Umständen den Flur reinigen mußten. In Hoheneck wurde das Kübelzeitalter erst 1976/77 durch Umbauten abgeschafft: von jeweils drei Zellen wurde die mittlere als „Naßzelle" — Waschen und Abort — eingerichtet und durch Mauerdurchbrüche von beiden Seiten zugänglich gemacht.

[6] Angaben nach einer Ausarbeitung für die Enquête-Kommission des Deutschen Bundestages über Aufarbeitung und Folgen der SED-Diktatur in Deutschland von Annerose Matz-Donath „Die Frauen von Hoheneck — Ergebnissse einer Untersuchung über SMT-verurteilte Frauen in der ehemaligen SBZ/DDR" vom 2.März 1994
[7] Hilde Benjamin am 15. April 1955 — SAPMO/BArch Potsdam, IV/2/13/427, zitiert nach Matz-Donath — Anm.6 —.
[8] siehe Bibliografie im Anhang
[9] siehe gesonderten Abschnitt über Frau Suttinger auf Seite 52
[10] Die Wachtmeisterinnen wurden von den Häftlingen Wachtel genannt. Vom Wachpersonal waren in aller Regel keine Namen bekannt, sie trugen nur Spitznamen.
[11] § 213 StGB der DDR: „Wer widerrechtlich die Staatsgrenze der Deutschen Demokratischen Republik passiert oder Bestimmungen des zeitweiligen Aufenthalts in der Deutschen Demokratischen Republik sowie des Transits durch die Deutsche Demokratische Republik verletzt, wird mit Freiheitsstrafe bis zu zwei Jahren oder mit Verurteilung auf Bewährung, Haft oder mit Geldstrafe bestraft . . . in schweren Fällen wird der Täter mit Freiheitsstrafe von einem Jahr bis zu acht Jahren bestraft . . . Vorbereitung und Versuch sind strafbar."
[12] Im VP-Jargon wurden die Zellen und Schlafsäle in den Strafvollzugsanstalten „Verwahrraum" genannt.
[13] Die Volkspolizei führte militärische Dienstränge
[14] Die Entlohnung der Häftlingsarbeit in den Haftanstalten der DDR ist in Verordnungen und Gesetzen geregelt und mehrmals verändert worden. Volkseigene Betriebe ließen in den Anstalten nach Normvorgaben zum Tariflohn arbeiten. Allgemein gab es folgende Berechnung: 75% des Nettolohnes behielt die Anstalt ein (für „Unterkunft und Verpflegung"). Der Rest wurde aufgeteilt für die Unterstützung der Familie (60%), für die „Rücklage", d.h. erstes Geld bei der Entlassung (5%); der Rest blieb für den „Eigenverbrauch", d.h. der Häftling konnte sich in den spärlich ausgestatteten Verkaufsstellen in den Anstalten Seife, Zahncreme, Kosmetika, Zigaretten oder Lebensmittel kaufen. Allerdings wurden von der Eigenverbrauchssumme auch eventuelle Entschädigungsforderungen, Unterhalts- und andere Kosten (Prozeßkosten!) abgezogen. Wenn der Häftling nicht die Sollvorgaben erfüllte oder erfüllen konnte und der Tariflohn als Ausgangsbasis für diese ganzen Berechnungen sank, blieb eine äußerst geringe Summe von einigen Mark im Monat für den „Eigenverbrauch".
[15] zitiert nach Matz-Donath — Anm.6 — BArch Potsdam, 0—1 MdI 11/1578, Blatt 43
[16] Lebenslauf von Mund in: Andreas Beckmann/Regina Kusch „Gott in Bautzen — Gefangenenseelsorge in der DDR", Berlin 1994
[17] HHG = Häftlingshilfegesetz, 1955 in der Bundesrepublik Deutschland erlassen, um hier lebenden ehemaligen politischen Häftlingen mit Eingliederungsbeihilfen und dem Zugang zu anderen Gesetzen (hier insbesondere das Bundesversorgungsgesetz) das Einleben in der Bundesrepublik zu erleichtern.